レモンの料理とお菓子

こてらみや

山と溪谷社

はじめに

　わが家のベランダには、レモンの鉢植えが2鉢あります。1つはレモンとオレンジを掛け合わせたマイヤーレモン、もう1つはリスボンレモンです。

　マイヤーレモンは皮が薄くて酸味が穏やか。苦みが少ないので、マーマレードや甘コンフィなどを作るのに最適の品種です。リスボンレモンはしっかりとした酸味と香りがあり、レモンといえばまさにこの味！ ともいえる品種です。どちらも農薬を使わずに育てているので、果汁だけでなく、皮まで余すことなく使えます。

　レモンを育て始めて15年ほどたち、ここ数年は実をたくさんつけるようになったので、むだなく、おいしく食べられるようにと、保存食や調味料をいろいろ仕込むようになりました。最初のうちは、ジャムやシロップなど甘いものが中心でしたが、日々のご飯作りで生のレモンがなくてもレモンの風味が楽しめるようにと、塩コンフィやレモンマスタード、レモンチャツネなど、塩味のものも仕込むようになりました。

　なかでも一番使い勝手がいいのが、レモンの塩コンフィのペーストです。いわゆる〝塩レモン〟をペースト状にしたもので、料理に塩味をつけつつ、レモンの酸味と香りをプラスできます。下味にも、炒めものにも、汁ものにもさっとなじんで溶けるのがとても便利で、どれか1つだけ仕込むのなら、これをおすすめします。

　レモンの料理というと、エスニックやイタリアンなどをイメージする方が多いと思いますが、和食にもよく合います。しょうゆとの相性のよさはいうまでもなく、甘い白みそにレモンを組み合わせるとキリリとしたおいしさになります。また、レモンには臭みをおさえる効果があるので、いわしやあじなどの青魚の料理にも重宝します。

　ひと昔前と違って、いまは国産の無農薬、ノーワックスのレモンが入手しやすくなりました。果汁を搾るだけでなく、皮も使うことで料理の幅がぐんと広がります。国産レモンが出回る時期に、ぜひいろいろ仕込んで1年中レモンを楽しみましょう！

こてらみや

国産レモンは
皮から果汁まで
丸ごと
使いきりましょう

国産レモンの出回り時期

ひと昔前は、レモンといえば輸入レモンが当たり前でしたが、近年は広島、愛媛、和歌山など国内でも栽培されています。国産レモンの収穫時期は10月頃から翌3月頃。スーパーマーケットなどでは、収穫時期をすぎても貯蔵したものが6月頃まで長く出回ります。夏のイメージが強いレモンですが、国産ものは本格的な夏が始まる前に店頭から姿を消すので、旬の時期に本書part1（p.10～）で紹介する仕込みものを作っておくと、1年中レモンライフが楽しめます。

早熟のグリーンレモンと
完熟の黄色いレモン

国内で10月から12月頃に収穫される早熟レモンは、果皮が緑色をしていることからグリーンレモンと呼ばれます。黄色の完熟レモンに比べて果汁の酸味が強く、果皮には鮮烈で青々しいさわやかさと苦みがあります。その後、冬から春へと季節がすすむにつれて、熟れて果皮が黄色に変わり、果肉はみずみずしく多汁になり、果皮の苦みが少なくなります。本書part1のレモンこしょう（p.16）以外の仕込みものには、完熟のものを使いましょう。

果汁の酸味を生かす

レモンの一番の特徴は、さわやかですがすがしい酸味にあります。お酢のツンとくるような酸味とは違う、フレッシュな香りを含んでいるので、料理に搾りかけるだけで食卓を囲む皆をリラックスさせる魅力を秘めています。ちなみにレモン果汁の酸味の主成分は、疲労回復に効果のあるクエン酸で、抗酸化作用のあるビタミンCも含まれています。

皮で香りを生かす

果汁以上にレモンの個性となっているのが、皮に含まれる香り成分のリモネンです。レモンをきゅっと搾ったときにほとばしるあの香りは、皮から出ているのです。リモネンには、リラックス、血行促進、免疫力を高める効果が期待できます。

レモンの洗い方

農薬や防カビ剤などの薬剤が塗布されているレモンは果皮の使用を躊躇してしまいますが、国産の薬剤不使用のレモンなら、皮も丸ごと使えます。私は薬を使っていない国産無農薬レモンであっても、熱めの湯でたわしでこすり洗いして表面の汚れを落とすことにしています。洗った後は、布巾などで水けを完全に拭き取ってから使います。

果汁を搾るコツ

果汁を搾るときは、たっぷり使いたい場合は横半分に切り、少量でよい場合はくし形切りにします。イラストのように8等分か、縦横に4等分に切るのがおすすめです。縦のくし形切りは薄皮が壁になって果汁が出にくくなるからです。横半分に切ったレモンから果汁を搾るときは、レモン搾り器を使うとむだなく搾れます。搾り器がない場合はフォークを刺して軽くねじりつつ、レモンをぎゅっと握って搾ります（右上写真）。未熟でかたい実の場合は、果肉に十字に切り目を入れると搾りやすくなります。また、一度冷凍して解凍してから搾ると、果汁が出やすくなります。

冷凍保存のコツ

レモンは冷凍保存できる果物です。使いきれない分は密閉して冷凍すると3か月ほど保存できます。

丸のまま冷凍

用途が決まっていないなら、丸のまま冷凍用保存袋に入れて冷凍庫で凍らせます。皮をすりおろすときは凍ったままで、むき取るときは、常温で解凍して行います。果汁は解凍後に搾ります。一度冷凍して解凍すると、果肉の組織がこわれて果汁が出やすくなります。

カットして冷凍

薄い輪切り、くし形切りなど、あらかじめ使う形や大きさが決まっている場合はそのサイズに切り、レモン同士がくっつかないようにクッキングシートなどを間にはさんでバットに並べ、バットごと冷凍用保存袋に入れて凍らせます。加熱料理に使う場合は凍ったまま加え、搾ったり添えたりする場合は常温で解凍します。

果汁のみ冷凍

果汁を搾ってキューブ製氷器に小さじ1ずつ分け入れて冷凍すると、必要なときにすぐに取り出せて便利です（常温で解凍）。また冷凍用保存袋に入れて板状に凍らせ、パキパキと折って使うのもおすすめです。

皮のみ冷凍

薄くむき取ったり、すりおろしたり、せん切りにしたレモンの皮は、それぞれ1/2個分ずつに小分けして冷凍しておけば、使いたいときに凍ったまま使えます。

皮を使うコツ

レモンのさわやかな香りだけを生かしたいときには、皮を使います。黄色の皮のすぐ下にある白い部分には苦みがあるため、黄色の部分だけをよく切れるピーラーや包丁で薄くむき取りましょう。ごく細かくして使いたい場合には、グレーターやおろし金ですりおろします。このときも白い部分までおろさないよう注意します。果汁を搾った後だと皮をむいたりおろしたりしにくい場合があるので、搾る前に行います。

使用後のレモンは掃除に活用

使い終わったレモンは、台所の汚れ落としに活用できます。水あかやカルキ、油汚れが気になる場所にレモンをこすりつけると、酸が作用して汚れが落ちやすくなります。最後は水できれいに洗い流しましょう。鉄製のものに使うとさびの原因になるので注意してください。

目次

part 1

レモンの仕込みもの

part 2

レモンの料理

part3

レモンのお菓子

この本の決まりごと

- 小さじ1は5㎖、大さじ1は15㎖、1カップは200㎖のものを使っています。1合は180㎖です。
- レモンは1個120g前後の、農薬やカビ防止剤、ワックスなどの薬剤を塗布していないものを使っています。使う前にきれいに洗って水けを拭き取ってください。
- レモンの搾り汁は、レモンの大きさや皮の厚み、完熟具合により1個あたり30〜50㎖とれます。
- 材料欄の「レモンの皮」は、皮の表面の黄色（または緑色）の部分だけを薄くむき取ったり、すりおろしたものです。白い部分は苦みが強いので使いません。
- 「塩」は自然塩を使っています。料理には量の調節がしやすい粒の細かいもの、分量を特に厳密に調整したいときには水分を飛ばした焼き塩、素材に時間をかけてなじませたときや塩の存在感を出したいときには粗塩を使っています。使い分けは好みでかまいません。
- 「砂糖」は、上白糖、きび糖、てんさい糖、グラニュー糖など、好みのものを使ってください。
- 「サラダ油」「揚げ油」は、米油を使っています。香りと味にくせのない、好みの植物油を使ってください。

- 特に指定がないかぎり「しょうゆ」は濃口しょうゆ、「酒」は純米酒、「酢」は米酢、「こしょう」は黒こしょう、「バター」は有塩バターを使っています。
- 「オリーブオイル」はエクストラバージンオリーブオイル、「ごま油」は焙煎された茶色いタイプを使っています。
- にんにくの薄皮をむく、しょうがや玉ねぎの皮をむくなど、野菜の下ごしらえの一部は説明を省略しています。
- 日もちのする料理には、保存期間を目安として記しました。保存条件などで変わってくるので、必ず自分の目と舌で確かめてください。
- 火加減と加熱時間は目安として記しました。鍋の材質や大きさ、調理機器の違い、食材が持つ水分量によっても変わりますので、必ず途中で様子を見て調節してください。
- 材料を混ぜたりペーストにしたりするときに使う道具は、分量が少ない場合はハンディーブレンダーやミルミキサー、多ければフードプロセッサーを使っています。なければ、すり鉢ですりつぶしてもよいでしょう。
- ペーパータオルはさらしやガーゼなどでもかまいません。
- 「常温」は23〜25℃の室温です。

皮から果肉までレモンの魅力を丸ごと生かした
仕込みもの15種類をご紹介します。
料理の調味料や薬味に、お菓子の副材料に、
カクテルやドリンクにも使える便利なものばかり。
国産レモンの出回り時期に作り置きしておくと
1年中レモンライフが楽しめます。

part 1

レモンの
仕込みもの

レモンの塩コンフィペースト
» *recipe_p.12*

レモンの甘コンフィ
» *recipe_p.13*

レモン玉ねぎチャツネ
» *recipe_p.13*

レモンの塩コンフィ
» *recipe_p.12*

レモンの塩コンフィ

薄切りレモンを塩漬けにして
煮ものや蒸しものの具材兼調味料に

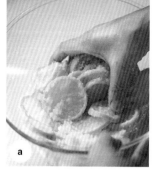

材料　作りやすい分量

レモン — 2個
塩 — レモンの重量の40%
レモンの搾り汁 — 適量

作り方

1 － レモンは両端を切り落として5mm厚さの輪切りにし、竹串などで種を取る。重さを量り、分量の塩を用意する。

2 － 大きなボウルに1と塩を入れ、レモンに塩をまんべんなくまぶす（**a**）。

3 － 清潔なびんに2をぎゅうぎゅうに詰める（**b**）。ボウルに残った塩や果汁も残さず入れて、上からぎゅっとレモンを押し込んで沈める。

4 － レモンが果汁に浸からなければ、重量を計量したレモンの搾り汁をかぶるくらいに加え、搾り汁の重量の40％の塩を足す。

5 － ふたをして日の当たらない涼しい場所に2週間ほどどおき、2日に1回びんをふる。
　　⇒塩は完全に溶けきらずに底にたまる。

保存

冷蔵で保存すると、少しずつ熟成が進んで味がなじんでいく。熟成を止めたいときは冷凍で保存する。冷蔵なら1年ほど、冷凍なら2年以内に使いきる。

使い方

煮込み料理や蒸しものなどに具材・調味料として使う。加熱すると皮までやわらかくなり、風味も適度に抜けて食べやすくなる。

使ったレシピ

- レモンポルケッタ（p.43）
- 鶏と野菜のレモンコンフィ蒸し煮（p.46）
- レモンミートボールとミニトマトのオーブン焼き（p.54）

レモンの塩コンフィペースト

よく漬かった塩コンフィをペーストに
炒めものにも下味にも使える便利調味料

材料　作りやすい分量

レモンの塩コンフィ（左記）
　— 半量

作り方

レモンの塩コンフィをハンディーブレンダーやミルミキサーでペースト状に攪拌する。清潔なびんに入れる。

保存

冷蔵で保存すると、少しずつ熟成が進んで味がなじんでいく。熟成を止めたいときは冷凍で保存する。冷蔵なら1年ほど、冷凍なら2年以内に使いきる。

使い方

肉や魚介類の下味に、炒めものや煮ものの調味料に。焼き肉やゆで肉に薬味代わりにつける。好みのオイルと混ぜてドレッシングに。オリーブオイルと混ぜて刺し身につけておつまみに。レモン代わりに料理に少量を添える。

使ったレシピ

- にんじんのレモングラッセ（p.28）
- レモンバタかぼ（p.30）
- ほうれん草のレモンソテー（p.31）
- 塩レモン鶏のから揚げ（p.40）
- レモンハーブミンチと白菜のオーブン焼き（p.44）
- レモンハーブフライドチキン（p.49）
- カリカリレモンフライドポテト（p.49）
- レモンキャロットライス（p.59）
- レモンとアスパラガスのリゾット（p.69）

レモンの甘コンフィ

甘酸っぱくてほろ苦い
レモン風味のお菓子作りに大活躍

材料 作りやすい分量

レモン（完熟のもの*）— 3個
グラニュー糖 — レモンの重量の80%
水 — レモンの重量と同量

＊重みがあり、握ると弾力を感じるもの。

作り方

1 − レモンは両端を切り落として5mm厚さの輪切りにし、竹串で種を取る。重さを量り、分量のグラニュー糖と水を用意する。

2 − 鍋に1のレモンの輪切りと分量の水を入れ、クッキングシートで落としぶたをして中火にかける。沸いたら弱火にし、アクを取りながら皮に透明感が出てやわらかくなるまで15〜20分煮る。
⇒鍋は酸の影響を受けにくいホウロウ製がおすすめ。

3 − グラニュー糖の1/3量を加え、落としぶたをしてごく弱火で10分煮る。
⇒砂糖を一度に加えるとレモンがかたくなるため、3回に分ける。

4 − 火からおろして粗熱をとり、1/3量のグラニュー糖を加えて再び落としぶたをして、ごく弱火で10分煮る。

5 − 4をもう一度繰り返したら煮上がり。冷まして清潔なびんに入れる。

保存

冷蔵で半年、冷凍で1年ほど。

使い方

焼き菓子にのせたり、刻んで生地に混ぜ込む。スポンジケーキなどにクリームとともにはさむ。ジャム代わりにパンにのせる。刻んでヨーグルトに混ぜる。紅茶に浮かべる。

使ったレシピ

・レモンロックスコーン（p.81）
・レモンコンフィのマドレーヌ（p.82）
・パチリコのアイスビスケットサンド（p.86）

レモン玉ねぎチャツネ

炒めた玉ねぎとレーズンで甘みをプラス
スパイスの香りを幾重にも重ねて

材料 作りやすい分量

レモン — 1個	**A**	シナモンスティック — 1/2本
玉ねぎ — 大1個（300g）		クローブ（ホール）— 6個
にんにく — 1かけ		カルダモン（ホール）— 5個
しょうが — 1かけ		鷹の爪 — 1本
サラダ油 — 大さじ2	**B**	塩 — 小さじ1/2
レーズン — 50g		グラニュー糖 — 大さじ2

作り方

1 − レモンはピーラーや包丁で皮の黄色い部分だけを薄くむき取り、せん切りにする。果肉は横半分に切って果汁を搾り、大さじ3用意する。
⇒果汁が足りなければ酢を足して大さじ3にする。

2 − 玉ねぎは縦半分に切り、縦薄切りにする。にんにくとしょうがはせん切りにする。

3 − 鍋にサラダ油とAを入れて弱火にかける。カルダモンが薄く色づき始めたら（**a**）、しょうがとにんにくを加えて香りが立つまで炒める。玉ねぎを加え、弱めの中火で炒める。

4 − 玉ねぎの水分がしみ出して透明感が出てきたら、1のレモンの皮と果汁を加え、レーズンとBを加えて弱火で炒める。

5 − 全体がねっとりしたら出来上がり（**b**）。冷まして清潔なびんに入れる。

保存

冷蔵で1か月、冷凍で半年ほど。

使い方

肉料理やチーズに添える。煮込み料理やソースの調味料に。

使ったレシピ

・レモンチキンカレー（p.53）
・豚肉の玉ねぎレモン煮込み（p.57）
・クリームチーズとレモンチャツネのタルティーヌ（p.74）

レモンハリッサ
» *recipe_p.16*

レモン玉ねぎしょうゆだれ
» *recipe_p.17*

レモンこしょう
» *recipe_p.16*

14

レモンマスタード（イエロー）
» *recipe_p.17*

レモンマスタード（ミックス）
» *recipe_p.17*

レモンハリッサ

辛みの少ない韓国産唐辛子で作る
さわやかで辛すぎないスパイスペースト

材料　作りやすい分量

レモン — 1個

A ┌ コリアンダーシード — 小さじ2
　├ クミンシード — 小さじ2
　└ キャラウェイシード — 小さじ2

B ┌ 赤唐辛子粉（韓国産）— 30g
　├ 粗びき唐辛子粉（韓国産）— 30g
　├ にんにく（すりおろす）— 40g
　├ 塩 — 大さじ1と1/3
　└ オリーブオイル — 90mℓ

一味唐辛子 — 適量

作り方

1 – レモンは表面の黄色い皮の部分をすりおろし、果肉は横半分に切って果汁を搾り、大さじ2用意する。
⇒残った果汁は別の料理に使うか冷凍保存する。

2 – フライパンにAを入れて弱火で焦がさないように煎る。クミンシードが薄いきつね色に色づいたら、取り出して広げて冷ます。

3 – 2をすり鉢で粉状にすりつぶす。

4 – ボウルに3と1のレモンの搾り汁、Bを合わせ、ハンディーブレンダーやフードプロセッサーで撹拌してペースト状にする。味をみて、一味唐辛子を加えて好みの辛さにする。

5 – 1のレモンの皮を加えてむらなく混ぜたら完成。清潔なびんに入れ、表面が空気に触れないようにオリーブオイル（分量外）を2〜3mm高さに注ぐ。
⇒表面が常にオイルで覆われた状態で保存すると日もちがする。

保存

冷蔵で保存すると、少しずつ熟成が進んで味がなじんでいく。熟成を止めたいときは冷凍で保存する。冷蔵、冷凍ともに1年以内に使いきる。

使い方

〝食べるラー油〟やコチュジャンのように使うのがおすすめ。魚や肉の下味に、炒めものの調味料に。肉、魚、野菜のグリルにつける。煮込み料理や具だくさんの汁ものの薬味に。

使ったレシピ

レモンこしょう

ゆずこしょうのグリーンレモン版
作りたては鮮烈、時間をおくとまろやかに

材料　作りやすい分量

グリーンレモンの皮*（薄くむき取る）— 4個分
青唐辛子 — レモンの皮の重量と同量（約12本）
塩 — 上記2素材の正味合計量の25%

* なければ黄色いレモンを使う。

作り方

1 – グリーンレモンの皮はざく切りにする。

2 – 刺激が強いのでゴム手袋をし、青唐辛子はへたを切り落として種ごと小口切りにする。

3 – 手袋をしたまま1と2を合わせて重さを量り、その重量の25%の塩を用意する。ボウルにすべて入れてまんべんなく混ぜ、常温に1時間ほどおく。

4 – 全体がしっとりとしたら、ハンディーブレンダーやミルミキサーで撹拌して、ごく小さな粒が残るくらいのペースト状にする。

5 – 清潔なびんに詰め、日の当たらない涼しい場所に2週間ほどおく。

保存

冷蔵で保存すると、少しずつ熟成が進んで味がなじみ、茶色っぽく変色していく。熟成を止めたいときは冷凍で保存する。冷蔵、冷凍ともに1年以内に使いきる。

使い方

ゆずこしょうと同じ感覚で使うのがおすすめ。鍋ものの薬味に、炒めものの調味料に。焼き鶏や蒸し鶏につける。バターや生クリームなどの乳製品にも合うので、クリームソースのパスタ、スープのアクセントや味変に。

使ったレシピ

レモン玉ねぎしょうゆだれ

和のおかずに重宝する玉ねぎたっぷりのたれ
しょうゆベースでご飯や日本酒に合う

材料 作りやすい分量

レモンの皮（薄くむき取る）— 1/2個分
玉ねぎ — 2個（500g）
サラダ油 — 大さじ1
A [しょうが（すりおろす）— 2かけ（30g）
酒 — 1カップ
みりん — 1/2カップ
しょうゆ — 120mℓ
レモンの搾り汁 — 大さじ2

作り方

1 − レモンの皮はせん切りにする。

2 − 玉ねぎは縦半分に切り、縦薄切りにする。

3 − 鍋にサラダ油を入れて中火で熱し、**2**を炒める。し
んなりしたら**1**と**A**を加え、煮立ててアルコール
分を飛ばし、レモンの搾り汁を加える。

4 − 弱火でとろりとするまで煮る。冷まして清潔なび
んに入れる。

保存

冷蔵で1か月ほど。

使い方

照り焼きやしょうが焼きの
調味料に。魚介類の蒸しも
のやゆで肉、豆腐にかける。

使ったレシピ

・豚のレモン玉ねぎ照り焼き（p.41）
・鶏と豆腐の皿蒸し（p.50）

レモンマスタード（イエロー／ミックス）

味を好みに調節できるのが自家製のよさ
イエローはさわやか、ミックスは深みあり

材料 作りやすい分量

A：イエロー
[イエローマスタードシード
— 大さじ8
B：ミックス
[ブラウンマスタードシード — 大さじ6
イエローマスタードシード — 大さじ2
酢*¹ — 1カップ
塩 — 小さじ1
砂糖*² — 小さじ約1/2
レモン — 1個

＊1 酸味がまろやかなりんご酢がおすすめ。
＊2 塩の角を取るくらいの分量なので、もっと甘みがほしけれ
ば混ぜ上がったものの味をみて適量を足す。

作り方

1 − 清潔なびんに**A**または**B**、酢、塩、砂糖を入れてよ
く混ぜ合わせ、日の当たらない涼しい場所に3日
ほどおく。
⇒マスタードシードがふやけてふくらむ。

2 − ハンディーブレンダーなどで**1**を攪拌してマスタ
ードシードを好みの加減にすりつぶす。
⇒細かくすりつぶすほど、マスタードの辛みと香りがレモ
ンとよくなじむ。

3 − レモンは表面の黄色い皮の部分をすりおろし、果
肉は横半分に切って果汁を搾り大さじ1用意する。
⇒残った果汁は別の料理に使うか冷凍保存する。

4 − **2**に**3**を加えてむらなく混ぜ、日の当たらない涼
しい場所に10日ほどおく。

保存

冷蔵で保存すると、少しずつ熟成が進んで味がなじんでいく。1
年以内に使いきる。

使い方

ゆでたり煮たりした肉やソーセージにつける。ドレッシングやソ
ース作りに使う。

使ったレシピ

・キャロットアップルラペ（イエロー・p.32）
・レモンマスタードのシンプルポテサラ（ミックス・p.33）
・いわしのレモンタルタル（イエロー・p.64）

レモンジンジャーハニー
» recipe_p.21

レモンココナッツカード
» recipe_p.21

レモンマーマレード
» recipe_p.20

レモンシロップ
» recipe_p.22

リモンチェッロ
» recipe_p.22

レモンマーマレード

クローブがほのかに香る
甘苦くて酸っぱい大人のジャム

材料 作りやすい分量

レモン — 3個
クローブ(ホール) — 4個
グラニュー糖 — 適量

作り方

1 – レモンはピーラーや包丁で皮の黄色い部分だけを薄くむき取り、せん切りにする(**a**)。

2 – 残った果肉を縦4等分のくし形に切り、レモンの表面の白いわたを薄皮ごとむき取る(**b**)。5mm厚さのいちょう切りにして重さを量る。

3 – 鍋にたっぷりの水と**1**の皮を入れて中火にかける。沸いたら5分ほどゆでてざるに上げ、水にさっとさらす。再び同じ要領で水からゆで、皮に透明感が出たらざるに上げ、水にさらす。
⇒2回ゆでてこぼして水にさらすことで、苦みやえぐみが抜け、やわらかくなる。

4 – 鍋に**2**の果肉と同重量の水を入れて中火にかけ、沸いたら弱火にして、アクを取りながら果肉がとろとろになるまで15分ほど煮る。ボウルに当てたざるにあけ、ゴムべらで果肉をつぶしながら漉し、薄皮と種を取り除く(**c**)。
⇒ざるの裏側についた果肉も使う。

5 – 鍋に**4**を戻し、クローブ、**3**の水けをよく絞って加え、弱火で10分ほど煮る。

6 – **5**の重量を量り、その半量のグラニュー糖を用意する。**5**を弱めの中火にかけ、グラニュー糖を1/3量ずつ加えてそのつどゴムべらで混ぜ、グラニュー糖を完全に溶かす。
⇒砂糖を一度に加えると皮がかたくなるので3回に分ける。
⇒作り方**7**でチェック用に使うスプーンを冷凍庫に入れる。

7 – 弱火にして混ぜながら、軽くとろみがつくまで煮詰める。冷凍庫でキンキンに冷やしたスプーンに少量のせ、少し待って冷えたら傾けてみて、ゆるいジュレ状になっていたら煮上がり(**d**)。
⇒熱いうちはサラリとしていても、冷めるとしっかりとろみがつく。

8 – 熱いうちに清潔なびんに入れ、ふたをして冷ます。

保存

冷蔵で1か月ほど。

使い方

パンに塗る。お菓子作りに使う。紅茶に入れる。グリルやロースト肉のマリネや肉料理のソースの調味料に。

使ったレシピ

- スペアリブのレモングリル(p.44)
- レモンカラメルプリン(p.89)

レモンココナッツカード

ココナッツの甘い香りとコクが
卵臭さをおさえます

材料 作りやすい分量

卵 — 2個

グラニュー糖 — 100g

レモンの搾り汁 — 大さじ6

ココナッツオイル — 100g

レモンの皮（すりおろす）— 1個分

ココナッツフレーク（ファイン）— 大さじ4

作り方

1 – ボウルに卵を割り入れてグラニュー糖、レモンの搾り汁を
加え、泡立て器で均一でなめらかな状態になるまでしっか
りとすり混ぜる。

2 – ココナッツオイルを加え、弱火の湯せんにかけて温めなが
ら泡立て器で混ぜ合わせる。とろみがついたら湯せんから
はずし、レモンの皮とココナッツフレークを加えてゴムベ
らでむらなく混ぜる。

⇒とろみの目安は、ゴムべらにすくい取って指で線を引き、跡が消え
ずに残るくらい（a）。

3 – 清潔なびんに入れ、ふたをして冷ます。

⇒冷めるとプルプルに固まる。常温に戻してよく混ぜるととろりとし
た状態に戻る。

保存

冷蔵で2週間ほど。

使い方

スポンジケーキやパンにはさむ、塗る。
カッテージチーズやリコッタチーズなど
フレッシュチーズにかける。

使ったレシピ

・レモンクリームパン（p.90）

a

レモンジンジャーハニー

レモンとしょうがとはちみつを合わせて
漬けるだけ。さらりとして甘さすっきり

材料 作りやすい分量

レモン — 2個

はちみつ — 250g

しょうが（すりおろす）— 100g

作り方

1 – レモンは両端を切り落として3mm厚さの
輪切りにし、竹串などで種を取る。

2 – 清潔なびんに、はちみつ、1、しょうがの順
に重ねて入れ、なるべく隙間ができない
ようにびんの側面にもレモンを詰める。

3 – ふたをして日の当たらない涼しい場所に
1週間ほどおき、毎日1回びんをふる。

保存

冷蔵で1か月ほど。

使い方

湯か炭酸水で割ってジンジャーレモネードに。汁けを
きってお菓子に焼き込む。煮込み料理に加える。

使ったレシピ

・レモンカステラ（p.84）

レモンシロップ

ドリンクにもデザートにも使える
甘酸っぱい作り置きシロップ

材料　作りやすい分量

レモン — 8個
水 — 2と1/2カップ
グラニュー糖 — 800g

作り方

1 − レモンはピーラーや包丁で皮の黄色い部分だけを
薄くむき取り、果肉は横半分に切って果汁を搾り、
1と1/2カップ用意する。
⇒残った果汁は別の料理に使うか冷凍保存する。

2 − 鍋に分量の水、**1**のレモンの皮、グラニュー糖を入
れ、中火にかけて砂糖を溶かす。ひと煮立ちした
ら弱火にし、皮に透明感が出るまで6〜7分煮る。

3 − **1**の果汁を加えてひと混ぜし、弱火でさらに2〜3
分煮る。

4 − ざるにペーパータオルを敷いてボウルを当て、**3**
を流し入れて漉す。清潔なびんに入れ、ふたをし
て冷ます。

保存

冷蔵で2〜3か月。

使い方

湯か炭酸水で割ってレモンドリンクに(下写真)。白玉や杏仁豆
腐、かき氷などデザートのシロップに。

使ったレシピ

・レモンジャスミン白玉(p.94)

リモンチェッロ

レモンの皮をたっぷり使って香り豊かに
とろりと甘くてさわやかな食後酒

材料　作りやすい分量

レモンの皮(薄くむき取る) — 4個分
ウオツカ(アルコール度数40度*) — 1と1/2カップ

シロップ

グラニュー糖 — 150g
水 — 1と1/2カップ

* 市販のリモンチェッロは96度くらいのウオツカを使用する
が、度数を低くしたほうが飲みやすく、デザートなどにも利
用しやすい。

作り方

1 − ふたつきの清潔な容器にウオツカを入れてレモン
の皮を浸し、ふたをして日の当たらない涼しい場
所に2週間ほどおく。

2 − 鍋にシロップの材料を入れ、中火にかけて砂糖を
溶かす。沸いたら弱火で10分ほど煮詰め、冷ます。

3 − ざるにペーパータオルを敷いてボウルを当て、**1**
を流し入れて漉す。

4 − **3**に**2**を加えて混ぜ合わせる。清潔なびんに入れ
てふたをする。
⇒出来上がりのアルコール度数は20度程度。

保存

冷凍で1年ほど。冷凍すると一部がシャリッと凍る。飲むときに
常温で溶かす。

使い方

そのまま食後酒として飲む。炭酸水で割ってカクテルに。アイス
クリームやデザートにかける。

使ったレシピ

・リモンチェッロのババ(p.91)
・大人の塩レモンジェラート(p.95)

パチリコ

リコッタチーズ似の〝パチもん〟だから〝パチリコ〟
即席に作れるフレッシュチーズ風

材料　作りやすい分量

牛乳（生乳100%の成分無調整）— 1ℓ
レモンの搾り汁 — 1/4カップ
レモンの皮（すりおろす）— 1/2個分
塩 — 小さじ1/4

作り方

1 – ざるにペーパータオルを敷いてボウルを当てる。

2 – 鍋に牛乳を入れて中火にかけ、ときどき混ぜながら温める。70℃（鍋の
　　ふちに気泡がつくくらい）まで温まったら火からおろす。

3 – 2にレモンの搾り汁を加えてスプーンでやさしく混ぜる。フワフワし
　　た白い塊が分離してきたら、混ぜるのを止めて5分ほどおく。

4 – 3を1に流し入れ（上左写真）、20分ほどおいて自然に水分が落ちるの
　　を待つ。

5 – ペーパータオルの上に残った固形分（たんぱく質や脂肪分）が250gほ
　　どになったら、水きり終了。ボウルに700mℓほどたまった半透明の水分
　　（ホエー）は、清潔な保存容器に入れて冷蔵で保存する。

6 – ボウルに5の固形分を移してレモンの皮と塩を加え、むらなく混ぜる。
　　清潔な保存容器に入れる。
　　⇒混ぜ上がりがかたすぎたら、ホエー適量を加えて混ぜ、好みのかたさに調節する。

保存

冷蔵で1週間ほど。できたてはフワッと
していて、しだいにかたく締まってくる。
新鮮なほうがおいしいので早めに使いき
る。ホエーは冷蔵で2〜3日。

使い方

パチリコ

リコッタチーズやカッテージチーズの代
わりになる。サラダやおつまみ、デザー
トなどに使う。

ホエー

そのままドリンクとして飲む（はちみつ
を混ぜてもおいしい）。シチューなどの
煮込み料理やスープの水分に。パンケー
キの生地作りに。

使ったレシピ

- フルーツの白和え風サラダ(p.36)
- レモン&ハーブパチリコ(p.37)
- パチリコのアイスビスケットサンド
  (p.86)
- パチリコパンケーキ(p.87)

シンプルな料理にひとふりするだけで、
魔法のようにおいしくなります。

レモン塩・レモンオイル

レモン塩

素材の風味をじゃませず
うまみを引き出します。

材料 作りやすい分量

塩—大さじ1
レモンの皮（すりおろす）
　　—1/4個分

作り方と保存

塩とレモンの皮のすりおろしをよく混ぜ合わせる。密閉容器に入れて冷蔵で保存する。
⇒レモンの香りが新鮮なうちに、早めに使いきる。

使い方

白身魚の刺し身につける。シンプルな肉・魚料理、フライドポテトなどの揚げものにふる。天ぷらにつける。

レモンオイル

卵、魚介、乳製品のクセをやわらげ、さわやかな香りをまとわせます。

材料 作りやすい分量

オリーブオイル—50mℓ
レモンの皮（薄くむき取る）
　　—1/2個分

作り方と保存

清潔で乾いたびんにオリーブオイルを入れ、レモンの皮をオイルから出ないように完全に浸し、日の当たらない涼しい場所に2〜3日おく。
⇒日の当たらない涼しい場所で保存し、2週間以内に使いきる。

使い方

半熟卵や蒸し魚にかける。スープにたらす。フレッシュチーズやアイスクリームにかける。パウンドケーキなどの焼き菓子や果物にたらす。しょうゆとの相性もよい。

01

鯛の刺し身にしょうゆの代わりに
レモン塩をちょいとつけて。

半熟のゆで卵にカリカリに焼いた生ハムを差し、
レモンオイルをたらり。

熱々ご飯にもみのり、粗くくずした豆腐、釜揚げしらすをの
せ、しょうゆとレモンオイルを回しかけて。

バニラアイスクリームに
レモンオイルをかけて。

レモンの料理

レモンの仕込みもので作る、
さわやかな野菜・肉・魚介料理に、ご飯とめんもの。
日々のおかずからおつまみ、
おもてなし料理まで、種類豊富にご紹介。
レモンの搾り汁や皮をかけるだけの
手軽な料理もあわせて紹介します。

part2

にんじんのレモングラッセ

材料 2〜3人分

にんじん ― 2本 (340g)

A 　水 ― 1/4カップ
　　 レモンの塩コンフィペースト (p.12)
　　　 ― 小さじ1
　　 砂糖 ― 小さじ1

オリーブオイル ― 大さじ2

クミンシード ― 小さじ1/2

レモンの皮 (すりおろす) ― 小さじ1

作り方

1 ― にんじんは縦半分に切り、6〜7cm長さの細長い乱切りにする。

2 ― ボウルに**A**を入れて混ぜ合わせる。

3 ― 鍋にオリーブオイルとクミンシードを入れて弱火にかけ、クミンがシュワシュワと音を立てて薄く色づき始めたら、**1**を加えて中火で1〜2分炒める。

4 ― にんじんの表面に透明感が出てきたら、**2**を加えてふたをして弱めの中火で蒸し煮にする。

5 ― にんじんがまだ少しかたいくらいのタイミングでふたを取り、火を強めて照りが出るまで水分を飛ばす。味をみて好みで、レモンの塩コンフィペースト少々(分量外)で味をととのえる。火を止めてレモンの皮をふり、ざっと混ぜる。

レモンとクミンがさわやかに香る、冷めてもおいしい常備菜。にんじんのカリッとした歯ごたえが残るよう、やわらかく煮すぎないことがポイントです。

玉ねぎグリルのレモン白みそ田楽

材料 2人分

レモン白みそ

| 白みそ ― 大さじ1と1/2
| レモンの搾り汁 ― 小さじ1
| レモンの皮（せん切り）― 小さじ1
| 酒 ― 小さじ1/2
| 砂糖 ― 小さじ1

オリーブオイル ― 小さじ1
玉ねぎ（1.5cm厚さの輪切り）― 2枚

作り方

1 ― レモン白みそを作る。ボウルに材料を入れて混ぜ合わせる。
　　⇒ここでオーブンを200℃に予熱する。

2 ― オーブンに入る大きさの鉄製フライパンにオリーブオイルを
　　入れて中火で熱し、玉ねぎを並べ入れる。ふたをして弱火で
　　蒸し焼きにし、焼き色がついたら裏返し、上に**1**をスプーンで
　　のせて塗り広げる。
　　⇒鉄製フライパンがなければ、フライパンで焼いた後に耐熱容器に移し、
　　以下同様にする。

3 ― フライパンごと予熱したオーブンに入れて10分ほど焼く。レ
　　モン白みそのところどころが香ばしく色づいたら焼き上がり。

甘みが出るまで焼いた玉ねぎに、レモンがさ
わやかに香る白みそだれを塗って香ばしく焼
きます。白ねぎや大根、白菜など冬の白い野
菜で作るのもおすすめ。

レモンバタかぼ

甘じょっぱいバター味にレモンの酸味を重ねた〝ニューかぼちゃ煮〟。甘みのあるホクホクしたかぼちゃでお試しを。お好みで黒こしょうをガリッとひいてもおいしい。

材料 2〜3人分

かぼちゃ—1/4個

A　水—1/2カップ
　　酒—大さじ1
　　砂糖—大さじ1
　　レモンの塩コンフィペースト (p.12)
　　　—小さじ1と1/2
　　バター—10g

作り方

1 — かぼちゃは種とワタを取り、皮をところどころそぎ落とす。大きめのひと口大に切る。

2 — 鍋にAを入れて中火にかけ、バターが溶けたらひと混ぜし、1を皮を下にしてなるべく重ならないように並べ入れる。

3 — 煮立ったらふたをして弱火にし、かぼちゃに箸がスッと通るまで煮る。

4 — ふたを取り、ときどき鍋をゆすってかぼちゃの上下を返し、汁けが減ってとろっとするまで煮る。

ほうれん草のレモンソテー

食べ慣れたほうれん草のソテーが、レモンの香りをまとうだけで見違える味わいに！ パンチのある肉・魚料理に添えても引けをとらない満足感があります。

材料 2人分

ほうれん草 — 1束（200g）
にんにく — 1/2かけ
オリーブオイル — 大さじ2
レモンの塩コンフィペースト（p.12）
　　— 小さじ1
ナツメグパウダー — 少々

作り方

1 – ほうれん草は7〜8cm長さに切り、根元は十文字の切り目を入れて割る。水にさらしてパリッとさせる。

2 – にんにくはつぶしてフライパンに入れる。**1**を水けがついたまま、先に根元と茎を並べ入れ、上に葉を重ねる。オリーブオイルを回しかける。

3 – 中火にかけ、ジュワジュワと音がしてきたらふたをする。2分ほどたったらざっと混ぜ、しんなりしたら火からおろす。ふたを少しずらして隙間を作り、フライパンを傾けて汁けを捨てる。
⇒汁にはほうれん草のアクや苦みが出ているので捨てる。

4 – 再び中火にかけ、レモンの塩コンフィペーストを加えてさっと炒め合わせ、味をみて足りなければレモンの塩コンフィペースト少々（分量外）を加える。皿に盛り、ナツメグをふる。

キャロットアップルラペ

| 材料 | 2人分 |

にんじん — 1本（160g）

塩 — 小さじ1/2

りんご（芯を除く）— 小1/2個（100g）

レモンマスタード（イエロー*¹・p.17）
　　— 大さじ1

レモンの搾り汁*² — 小さじ1

オリーブオイル — 大さじ2

＊1　ミックス（p.17）でもOK。

＊2　紅玉のようにしっかり酸味のあるりんごなら必
　　要ない。

| 作り方 |

1 — にんじんは5〜6cm長さ、3mmくらいの太さの細切りにして塩
　　をまぶす。

2 — りんごはボウルに皮ごとすりおろす。レモンマスタード、レ
　　モンの搾り汁、オリーブオイルを加えて混ぜ合わせる。

3 — 手で**1**の水分を絞り、**2**に加えて和える。

味の決め手は、おろしりんごとレモンマスタード。和えた当日も味がなじんだ翌日も、それぞれにおいしさがあります。定番のラペに飽きたら、ぜひ！

レモンマスタードのシンプルポテサラ

材料 3～4人分

じゃがいも ― 3個
紫玉ねぎ ― 1/6個
きゅうり ― 1本
ハム (薄切り) ― 2枚
A ┌ レモンマスタード (ミックス*・p.17)
　　　　 ― 大さじ1と1/2
　　 レモンの搾り汁 ― 大さじ1
　　 オリーブオイル ― 大さじ2
　　 塩 ― 小さじ1/2
　　└ こしょう ― 少々

* イエロー(p.17) でも OK。

作り方

1 ― じゃがいもはきれいに洗って皮つきのまま、串がスッと通る
　　 までゆでるか蒸す。

2 ― 紫玉ねぎは縦薄切りにする。きゅうりは3mm厚さの小口切り
　　 にして塩ふたつまみ(分量外)をもみ込んで10分おき、水分を
　　 しっかり絞る。ハムは細切りにする。

3 ― ボウルに**A**を入れて混ぜ合わせ、紫玉ねぎを加えて和える。

4 ― 1が熱いうちに皮をむいて芽を取り、ひと口大に切り、3に加
　　 えて和える。

5 ― 4の粗熱がとれたら、きゅうりとハムを加えてざっくりと混
　　 ぜ合わせる。

マヨネーズを使わずに、レモンマスタードとレ
モンの搾り汁ですっきりした味に仕立てます。
ワインが飲みたくなるおつまみサラダです。

タブレといっても、クスクスの分量はごく少量。レモンとパセリ風味のソースと野菜の水分を吸って、味をひとつにまとめる役割です。魚料理のつけ合わせにもどうぞ。

レモングリーンソースのタブレ

材料　2〜3人分

レモングリーンソース（作りやすい分量）

| レモン — 1/2個
| イタリアンパセリの葉 — 20g
| 玉ねぎ — 1/4個
| 塩 — 適量
| にんにく（すりおろす）— 少々
| オリーブオイル — 1/4カップ

A | クスクス（乾燥）— 大さじ3
| 塩 — ひとつまみ
| オリーブオイル — 小さじ1
| 熱湯 — 大さじ3

きゅうり — 2本
ミニトマト — 10個
塩、こしょう — 各少々

作り方

1 – レモングリーンソースを作る。レモンは黄色い皮の部分だけをすりおろし、果汁を搾る。

2 – イタリアンパセリの葉と玉ねぎはそれぞれみじん切りにする。玉ねぎに塩小さじ1/2をまぶして5分おき、水分を絞る。

3 – ボウルに**1**のレモンの皮と果汁、**2**、にんにく、塩小さじ1、オリーブオイルを入れて混ぜる（**a**）。1/4カップ分取り分ける。
⇒残りは清潔なびんに入れて冷蔵保存する。10日ほど日もちするが徐々に茶色っぽくなるので早めに食べる。卵料理にかけたり（p.74下）、肉、魚料理やゆでたじゃがいもにかけてもおいしい。パスタソースにしても。

4 – 耐熱容器に**A**を入れてスプーンで混ぜ、ラップをかけて600Wの電子レンジに30秒かけ、そのまま5分ほど蒸らす。ラップを取って全体をパラパラにほぐし、粗熱をとる。

5 – きゅうりは5mm厚さのいちょう切り、ミニトマトはへたを取って縦4等分に切る。

6 – ボウルに**4**と**5**を入れ、取り分けた**3**を加えて混ぜ合わせ、塩、こしょうで味をととのえる。冷蔵庫で30分ほど冷やして味をなじませる。

せん切りじゃがいもの
レモンこしょう和え

じゃがいもは煮たり揚げたりしがちだけど、こんなふうにさっとゆでてシンプルに料理するのもいい。ツナでうまみを、レモンこしょうでさわやかな辛みをプラス。

| 材料 | 4人分

じゃがいも（メークイン）— 3個（300g）

A ┌ レモンこしょう（p.16）— 小さじ1
　　├ ツナ缶（オイル漬け・缶汁はきる）— 小1缶（70g）
　　├ レモンの搾り汁 — 小さじ2
　　├ オリーブオイル — 大さじ2
　　└ 塩 — 少々

| 作り方

1 — じゃがいもは皮をむいて芽を取り、2mm 太さのせん切りにして、たっぷりの水に 10分ほどさらす。

2 — ボウルに**A**を入れて混ぜ合わせる。

3 — 鍋にたっぷりの湯を沸かし、水けをきった**1**を入れて少し歯ごたえが残る程度にゆで、ざるに上げて湯をしっかりきる。

4 — **3**を熱いうちに**2**に入れて和え、粗熱をとる。

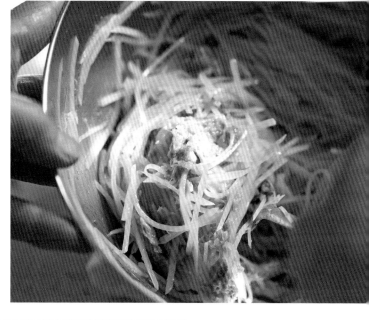

フルーツの白和え風サラダ

| 材料 | 2〜3人分 |

オレンジ — 1個
キウイフルーツ — 1個
紫玉ねぎ — 1/8個
パチリコ (p.23) — 100g
塩 — 少々
粗びき黒こしょう — 少々
オリーブオイル — 大さじ1

| 作り方 |

1 — オレンジは包丁で薄皮ごと皮をむき取る。キウイフルーツは皮をむく。どちらも3〜4cm大の乱切りにする。

2 — 紫玉ねぎは縦薄切りにし、辛みが強ければ水にさらす。

3 — ボウルにパチリコ、**1**、水けを絞った**2**を入れ、塩をふって混ぜる。

4 — 器に盛ってこしょうをふり、オリーブオイルを回しかける。

リコッタチーズやカッテージチーズの代わりに〝パチリコ〟で和えます。フルーツはシャインマスカット、りんご、柿などでもよく、酸味が足りなければレモンを搾って。

レモン&ハーブパチリコ

材料　作りやすい分量

パセリ、ローズマリー、タイムの葉*— 各少々

パチリコ（p.23）— 200g

にんにく（すりおろす）— 少々

塩 — 少々

粗びき黒こしょう — 少々

バゲット（スライス）— 適量

＊好みのハーブで代用可。1種類だけでもOK。

作り方

1 – ハーブ類はみじん切りにする。

2 – ボウルにバゲット以外の材料を入れ、ゴムべらでむらなく混
　　ぜる。

3 – ココットなどの器にオーブンシートを敷き込み、2を空気が
　　入らないようにぴっちりと詰める。上面もシートで覆って密
　　閉し、冷蔵庫に1時間はおいて味をなじませる。

4 – 3を冷蔵庫から取り出してオーブンシートごと器に盛り、バ
　　ゲットを添えてつけて食べる。
　　⇒残りは冷蔵で4〜5日保存できる。

クリームチーズの代わりに〝パチリコ〟にハ
ーブやにんにくを混ぜたら、口どけのよい軽
やかな仕上がりに。バゲットに塗って、ワイ
ンのおともにどうぞ。

レモン春巻きブリック

材料　2人分

玉ねぎ — 1/4個（50g）
ミニトマト — 3個
パクチー — 4〜5本
ツナ缶（オイル漬け）— 小1/2缶（35〜40g）
レモンハリッサ（p.16）— 小さじ1/2＋少々
春巻きの皮（常温に戻す）— 2枚
卵 — 2個
ピザ用チーズ — 30g
水溶き小麦粉 — 少々
オリーブオイル — 大さじ3
ベビーリーフ — 適量
レモン（くし形切り）— 2切れ

作り方

1 – 玉ねぎはみじん切り、ミニトマトはへたを取って縦4等分に切る。パクチーはざく切りにする。

2 – ボウルに缶汁を軽くきってほぐしたツナ缶を入れ、レモンハリッサ小さじ1/2を加えて混ぜる。

3 – まな板の上に春巻きの皮を広げ、それぞれの中央に玉ねぎを広げ、**2**を重ね、その上にミニトマトを等間隔に並べる。中央をくぼませて卵を割り落とし、パクチーとチーズを散らす。皮の縁に水溶き小麦粉を塗り、三角になるように半分にたたんで縁同士を押さえてくっつける。
→時間がたつと皮が具の水分を吸って破れやすくなるため、包んですぐに2枚同時に焼くのが理想。慣れないうちは1枚ずつ包んで焼くとよい。

4 – フライパンにオリーブオイルを入れ、中火にかけて温める。皮が破れないように気をつけて**3**を入れ、香ばしい焼き色がついたら裏返し、皮の縁がカリッとするまで焼く。

5 – 器に盛り、オリーブオイル少々（分量外）でさっと和えたベビーリーフとレモン、レモンハリッサ少々を添える。

薄い生地で卵を包み揚げにするチュニジア料理の〝ブリック〟を春巻きの皮でアレンジ。半熟の黄身にレモンハリッサを混ぜ、レモンを搾りながら食べてみて。

塩レモン鶏のから揚げ

材料 2〜3人分

鶏むね肉、鶏もも肉 — 各1枚（合計500g）

長ねぎの青い部分（あれば）— 1本分

A ┌ レモンの塩コンフィペースト（p.12）
　　　 — 大さじ1
　　 │ にんにく（すりおろす）— 少々
　　 │ しょうが（すりおろす）— 少々
　　 │ 酒、みりん — 各小さじ1
　　 └ こしょう — 少々

片栗粉 — 大さじ4

薄力粉 — 大さじ2

揚げ油 — 適量

パクチー（好みで・ざく切り）— 適量

レモン（くし形切り）— 適量

作り方

1 – 鶏肉2種は、それぞれひと口大に切る。あれば長ねぎは2〜3等分のざく切りにする。

2 – ポリ袋に**1**と**A**を入れて袋の上から手でもみ込み、空気を出して袋を閉じて常温に1時間おく。
　　⇒時間があれば、冷蔵庫にひと晩おくとなおよい。

3 – 片栗粉と薄力粉を混ぜ合わせてバットに入れ、**2**の肉を入れてしっかりとまぶしつける。

4 – 揚げ油を180℃に熱し、**3**の余分な粉を払って数回に分けて揚げる。ときどき返しながらカラッと揚げて油をきる。

5 – 器に盛り、好みでパクチーとレモンを添え、レモンを搾りかけて食べる。

から揚げはしょうゆ味でマンネリになりがち。レモンと塩味ですっきり仕立てると、ご飯のおかずというよりおつまみ向けの味わいになります。

豚のレモン玉ねぎ照り焼き

材料 2人分

豚ロース肉（しょうが焼き用）— 大4枚（または小6枚）
薄力粉 — 適量
サラダ油 — 小さじ1
レモン玉ねぎしょうゆだれ（p.17）— 100g
レタス（食べやすい大きさにちぎる）— 1/4個分
マヨネーズ（好みで）— 適量
一味唐辛子（好みで）　適量

作り方

1 − 豚肉は焼き縮みしないように筋を切り、両面に薄力粉をまぶ
　　して余分な粉をはたき落とす。

2 − フライパンにサラダ油を入れて中火で熱し、**1**を並べ入れて
　　両面を焼く。8割方火が通ったら、レモン玉ねぎしょうゆだれ
　　を加えて肉にからめながらとろりとするまで煮詰める。

3 − 器にレタスを盛り、**2**を盛り合わせる。好みでマヨネーズを添
　　え、肉に一味唐辛子をふる。

レモン玉ねぎしょうゆだれを仕込んでおけ
ば、手早く作れるので朝のおべんとう作り
にもうれしい一品です。豚肉は切り落とし
やこま切れ肉でもよく、粉をふらずにさっ
と炒めてもOK。

豚バラ肉にレモンの塩コンフィやハーブをすり込んで、くるくる巻いてオーブン焼きに。大きなお肉は迫力があってご馳走感満点！ 記念日、おもてなし、おせち料理にどうぞ。

レモンポルケッタ

材料 4～6人分

セージ — 4枚
イタリアンパセリ — 6本
ローズマリー — 1本
にんにく — 1かけ（7g）
レモンの塩コンフィ
　（p.12・汁けを拭いてみじん切り） — 大さじ1
粗びき黒こしょう — 小さじ1/3
豚バラ肉（ブロック） — 800g
塩 — 小さじ1
じゃがいも — 3個
オリーブオイル — 適量
レモン（薄い輪切り） — 1/2個分

大きなブロック肉はお肉屋さんに頼むと用意してもらえます。ポルケッタが残ったら、スライスしてサンドイッチで楽しんだり、棒状に切ってパスタの具材にしても。

作り方

1 – ハーブ類は枝や茎を除き、にんにくとともにみじん切りにしてボウルに入れる。レモンの塩コンフィとこしょうを加えて混ぜ合わせる。

2 – 豚肉は厚みの薄いほうから包丁を入れて厚みを半分にし（**a**）、最後の1cmは切らずにつなげておく。

3 – 肉を開いて横長に置き、切り口全体に**1**をすり込む（**b**、**c**）。

4 – 端から隙間ができないようにきつく巻いていく（**d**）。
　⇒両端の裏側を見てどちらに脂がより多くついているかを確かめ、脂が多くついた側が巻き終わりになるように巻く。

5 – たこ糸でぐるぐると巻いてほどけないように縛り、円柱形に整える（**e**）。表面に塩をすり込み、ラップで包んで冷蔵庫にひと晩おく。焼く1時間くらい前に冷蔵庫から出し、常温に戻す。

6 – じゃがいもは皮つきのままきれいに洗い、芽を取り除いて6等分に切り、水にさらす。
　⇒ここでオーブンを150℃に予熱する。

7 – オーブンに入る大きさの鉄製フライパンを油をひかずに中火で熱し、**5**を入れて表面を焼く。少しずつ転がして全体を焼きつけ、肉を立ててうず巻き状の両側面もこんがりと焼きつけ、火からおろす。
　⇒肉からしみ出した脂をペーパータオルで吸い取りながら焼く。
　⇒鉄製フライパンがなければ、手持ちのフライパンで同様に焼き、オーブンシートを敷いた天板に移し、以下同様にする。

8 – **6**の水けを拭き取り、オリーブオイルをまぶし、**7**の肉のまわりに並べてレモンの輪切りを散らす。予熱したオーブンに入れて1時間ほど焼く。

9 – オーブンから出して肉とつけ合わせをそれぞれアルミ箔で包み、オーブンやコンロのそばなど温かい場所に1時間ほどおく。

10 – 肉を好みの厚さに切って器に盛り、じゃがいもとレモンを添える。

レモンハーブミンチと白菜のオーブン焼き

焼いた白菜は水分が飛んで味がぎゅ〜っと濃くなり、食感もしっかり。かみしめるほどに味がしみ出すカリカリのレモンハーブミンチといいコンビです。

材料 4人分

レモンハーブミンチ (作りやすい分量)
豚ひき肉 — 300g
A ┌ レモンの塩コンフィペースト (p.12)
　│ 　— 小さじ2
　│ ローズマリーの葉 (みじん切り)
　│ 　— 小さじ1/2
　│ パセリの葉 (みじん切り) — 大さじ1
　│ にんにく (みじん切り) — 1かけ分
　└ 粗びき黒こしょう — 小さじ1/3
オリーブオイル — 大さじ1

白菜 — 1/4株
塩、オリーブオイル — 各適量
B ┌ パン粉 — 大さじ2
　│ オリーブオイル — 大さじ1
　│ パルミジャーノ・レッジャーノ (粉)
　└ 　— 大さじ1

作り方

1 — レモンハーブミンチを作る。ボウルにひき肉とAを入れ、粘りが出るまで手で練り混ぜる。

2 — フライパンにオリーブオイルを入れて中火で熱し、1を加えて少しかたまりが残るくらいにざっくりほぐしながら炒める。水分が飛んで脂がしみ出したら炒め上がり。バットなどに取り出して広げ、冷ます。
⇒ここでオーブンを190℃に予熱する。

3 — 脂が白く固まるまで冷めたら、混ぜて脂を全体になじませ、150g分取り分ける。
⇒残りは清潔な容器に空気が入らないように詰め、表面にラップを密着させてふたをして冷蔵保存する。10日ほど日もちする。パスタ、オムレツ、スープなどの具材に使える。

4 — 白菜は根元をつけたまま縦4等分に切る。オーブンシートを敷いた天板にのせ、両面に軽く塩とオリーブオイルをふり、予熱したオーブンで15分ほど焼く。

5 — ボウルにBを入れて混ぜ合わせる。

6 — 4をオーブンから取り出して白菜を裏返し、取り分けた3と5をのせ、230℃に設定し直したオーブンに戻し、パン粉が色づくまで5分ほど焼く。器に盛り、オリーブオイルを回しかける。

スペアリブのレモングリル

甘酸っぱくてほろ苦いレモンマーマレードだれで肉をマリネしたら、後はオーブンで焼くだけ。そのままでも、レモンを搾ってさっぱりさせてもおいしい。

材料 4人分

豚スペアリブ (ハーフカット) — 800g
A ┌ レモンマーマレード (p.20)
　│ 　— 大さじ3 (60g)
　│ にんにく (すりおろす) — 1かけ
　│ しょうゆ — 1/4カップ
　│ 酒 — 大さじ2
　│ オリーブオイル — 大さじ1
　└ 粗びき黒こしょう — 少々
レモン (横半分に切る) — 適量

作り方

1 — ポリ袋にAを入れ、袋の上から手でもんで混ぜ合わせる。

2 — 1にスペアリブを入れてもみ込み、空気を出して袋を閉じ、冷蔵庫にひと晩おく。

3 — 2を焼く1時間くらい前に冷蔵庫から出し、常温に戻してオーブンシートを敷いた天板に並べる。
⇒スペアリブを常温に戻し終わったら、オーブンを180℃に予熱する。

4 — 予熱したオーブンで30〜40分焼く。途中、20分ほどたったらスペアリブの上下を返す。香ばしい焼き色がついたら焼き上がり。

5 — 器に盛ってレモンを添え、搾りかけて食べる。

鶏と野菜のレモンコンフィ蒸し煮

レモンの塩コンフィを具材にも調味料にも生かしたタジン風蒸し煮。かんたんなのに見栄えがして、作り置きもできるので、おもてなしにも普段のご飯にもいい。レモンハリッサをつけてどうぞ。

材料 3〜4人分

鶏もも骨つきぶつ切り肉（水炊き用）— 600g

A┌ レモンの塩コンフィ
　│　　（p.12・汁けを拭いてみじん切り）— 1枚分
　│ イタリアンパセリの葉（みじん切り）— 大さじ1
　│ にんにく（すりおろす）— 小さじ1/2
　│ しょうが（すりおろす）— 小さじ1
　│ こしょう — 少々
　└ クミンパウダー — 小さじ1
玉ねぎ — 大1個（300g）

にんじん（皮をむく）— 1/2本
じゃがいも（皮をむき芽を取る）— 1個
パプリカ（黄）— 1/2個
オリーブオイル — 適量
白ワイン — 1/4カップ
グリーンオリーブの実（塩水漬け）— 12個
レモンの塩コンフィ（p.12・汁けを拭く）— 2枚
レモンハリッサ（p.16）— 適量

作り方

1 ― 鶏肉はポリ袋に入れ、**A**を加えて袋の上から手で
もみ込む。空気を出して袋を閉じ、常温に1時間（ま
たは冷蔵庫に半日）おく。

2 ― 玉ねぎは縦半分に切り、縦に5mm厚さに切る。にん
じんとじゃがいもは縦6等分のくし形切り、パプ
リカはへたと種を取り、縦6等分に切る。

3 ― 厚手で密閉性の高い鍋にオリーブオイル大さじ3
をひき、玉ねぎを敷き詰めて白ワインを注ぐ。**1**の
鶏肉を袋から出して並べ入れ、ふたをして中火に
かけ、10分ほどたったらひと混ぜする。再びふた
をして弱火で30分ほど蒸し煮にする。

4 ― 鍋底からざっくりと混ぜ、にんじん、じゃがいも、
パプリカを彩りよく放射状にのせ、オリーブの実を
散らす。レモンの塩コンフィを野菜の上にのせ、ふ
たをして弱火で野菜に火が通るまで蒸し煮にする
（上写真）。

5 ― レモンの塩コンフィを先にそっと取り出し、残り
の具材を器に盛り、レモンハリッサと取り出した
レモンの塩コンフィを添え、つけながら食べる。

カリカリレモンフライドポテト

レモンハーブフライドチキン

48

レモンハーブフライドチキン

レモンの塩コンフィペーストとハーブでマリネした手羽元に火を二度づけ。ガリッとかたい衣とジューシーな肉のコントラストが魅力です。ビール片手にどうぞ！

材料 2〜3人分

鶏手羽元 — 8本
ローズマリー — 1枝
パセリ — 1本
タイム — 2〜3本
A ┌ レモンの塩コンフィペースト（p.12）
　　│ 　 — 小さじ2
　　└ にんにく（すりおろす）— 1/2かけ
薄力粉 — 適量
B ┌ 溶き卵 — 1個分
　　└ 牛乳 — 大さじ2
揚げ油 — 適量
レモン（横半分に切る）— 適量

作り方

1 – 手羽元は皮目を下にして置き、キッチンばさみで骨に沿って切り目を入れて開く。
　　⇒厚みのある部分を開くことで火通りがよくなり、骨離れもよくなって食べやすくなる。

2 – ハーブ類は枝や茎を取り除いて細かく刻み、ポリ袋に**A**とともに入れて袋の上からもみ込む。

3 – **2**に**1**を入れて袋の上から手でもみ込み、空気を出して袋を閉じ、常温に1時間（または冷蔵庫に半日）おく。

4 – 別のポリ袋に薄力粉を入れ、**3**の手羽元を入れ、袋の上から手でもみ込んで粉をしっかりとつける。

5 – ボウルに**B**を入れて混ぜ合わせ、**4**の手羽元の余分な粉をはたいてからくぐらせ、もう一度**4**の袋に戻して薄力粉をしっかりまぶしつけて余分な粉をはたく。

6 – 揚げ油を170℃に熱し、**5**の半量を揚げる。最初は動かさず、衣がかたくなってきたら裏返し、中まで火を通していったん引き上げる。残りも同様に揚げる。

7 – 揚げ油の温度を180〜185℃に上げ、**6**を半量ずつ戻し入れて衣がガリッとするまで揚げ、引き上げて油をきる。

8 – 器に盛ってレモンを添え、搾りかけながら食べる。

カリカリレモンフライドポテト

じゃがいもにレモンの塩コンフィペーストと片栗粉をまぶして揚げます。外側はカリッ、中はホクッ。後を引くおいしさ。

材料 2〜3人分

じゃがいも（メークイン）— 2個
レモンの塩コンフィペースト（p.12）
　 — 小さじ1
片栗粉 — 大さじ3
揚げ油 — 適量

作り方

1 – じゃがいもはきれいに洗って皮つきのまま芽を取り、約7mm角の棒状に切る。10分ほど水にさらし、水けを拭き取ってボウルに入れる。レモンの塩コンフィペーストを加えて手でむらなくなじませ、片栗粉をふり入れて全体にまぶす。

2 – 揚げ油を170℃に熱し、**1**を余分な粉を落として揚げる。最初は動かさず、表面がかたくなってきたらくっつかないようにほぐして裏返す。いもから出る泡が小さくなって、表面がカリッとなったら、引き上げて油をきる。

湯豆腐のようにまん中にたれを置き、まわり
に具材を並べて皿ごと蒸します。めいめいが
具材を器に取り、熱々のレモン玉ねぎしょう
ゆだれをかけていただきます。

鶏と豆腐の皿蒸し

材料	2人分

鶏もも肉 ― 1枚（250g）

下味

　塩 ― 小さじ1/4

　酒 ― 小さじ1

絹ごし豆腐 ― 1丁（350g）

生しいたけ（石づきを取る）― 2個

酒 ― 大さじ1

レモン玉ねぎしょうゆだれ（p.17）― 適量

一味唐辛子（好みで）― 適量

レモンこしょう（p.16・好みで）― 適量

作り方

1 – 鶏肉は余分な脂を切り取ってひと口大に切り、下味の材料を
もみ込む。

2 – 豆腐は6等分に切り、しいたけは4等分のそぎ切りにする。

3 – 耐熱の小ぶりで深い器にレモン玉ねぎしょうゆだれを入れ
る。蒸籠（せいろう）に入る大きさの耐熱皿の中心にたれの器を置き、ま
わりに豆腐を等間隔に放射状に並べる。豆腐の間に **1** と **2** の
しいたけを並べ、酒を具材全体にふりかける。

4 – 蒸気の上がった蒸籠に **3** を皿ごと入れ、ふたをして常に蒸気
がもれ出るくらいの火加減で10分ほど蒸す。途中、5分ほど
たったら鶏肉の上下を返す。

⇒蒸籠の代わりにフライパンに湯をはり蒸してもいい。鍋底の中心に4つ
折りにしたペーパータオルを敷いて耐熱小皿を置き、その上に具材とた
れをのせた耐熱皿を置く。ふたは密閉しないよう箸をはさんで少し浮か
せてのせ、蒸気をもらしながら蒸す。

5 – 器に蒸し上がった具材を取り、温まったレモン玉ねぎしょう
ゆだれをかけ、好みで一味唐辛子やレモンこしょうをつけて
食べる。

酢豚の豚肉を鶏肉にして〝酢鶏〟。酢の代わりにレモン果汁を使っているから、とびきりさわやか。肉にまぶした片栗粉が煮溶けてとろみがつきます。

レモン酢鶏

材料	2人分

鶏むね肉 ― 大1枚（300g）
玉ねぎ ― 1/2個

下味

| 塩 ― 小さじ1/2
| 酒 ― 小さじ2
| しょうが（すりおろす）― 1/2かけ

片栗粉 ― 適量

A | レモンの搾り汁 ― 1/4カップ
| 酒 ― 大さじ2
| 水　大さじ2
| 塩 ― 小さじ2/3
| 砂糖 ― 大さじ1と1/2

揚げ油 ― 適量
レモン（いちょう切り）― 薄い輪切り2枚分
ごま油 ― 小さじ1/2

作り方

1 ― 鶏肉はひと口大に切る。玉ねぎは縦4等分に切り、横半分に切る。

2 ― 鶏肉に下味の材料をもみ込んで10分ほどおき、片栗粉をふって全体にまぶす。

3 ― ボウルに**A**を入れて混ぜ合わせる。

4 ― フライパンに揚げ油を1cm深さに入れ、**2**の鶏肉を余分な粉を払い落として入れ、揚げ焼きにする。8割方火が通ったら、いったん取り出す。

5 ― フライパンの油をあけて、玉ねぎを中火で炒める。透明感が出てきたら**4**を戻し入れる。

6 ― レモンと**3**を加えて炒め合わせ、とろみがついてきたらごま油をたらしてひと混ぜし、器に盛る。

大根とセロリのはちみつレモンピクルス

レモンチキンカレー

レモンチキンカレー

レモン玉ねぎチャツネをベースにしたマイルドなカレー。レモン果汁入りの酸っぱいヨーグルトだれでマリネした肉が、しっとりとしてジューシーです。ピクルスを添えて。

1 - 鶏肉はひと口大に切る。

2 - ポリ袋に**A**を入れ、袋の上から手でもんで混ぜ合わせ、**1**を入れてもみ込み、空気を出して袋を閉じ冷蔵庫にひと晩おく。

3 - 玉ねぎはざく切り、カリフラワーは小さめの小房に分ける。

4 - 鍋にサラダ油を入れて中火で熱し、玉ねぎを炒める。透明感が出てきたらカリフラワーを加えて油が回るまで炒め、弱火にしてカレー粉をふり入れて香りが立つまで炒める。

5 - レモン玉ねぎチャツネと冷蔵庫から出した**2**を漬けだれごと加えて混ぜ、ふたをして鶏肉に火が通るまで蒸し煮にする。

6 - トマトケチャップを加えてひと混ぜし、味がなじむまで煮る。

7 - ご飯を浅めのグラスや茶碗などに詰め、逆さにして皿にあけ、**6**を盛り合わせてピクルスを添える。ご飯の上にレモンをのせて、カレーやご飯に搾りかけながら食べる。

| 材料 | 2人分 |

鶏むね肉（皮なし） 250g

A ┌ プレーンヨーグルト — 200g
　　 │ カレー粉 — 小さじ1
　　 │ レモンの搾り汁 — 小さじ1
　　 │ にんにく（すりおろす） — 少々
　　 └ 塩 — 小さじ1/2

玉ねぎ — 1/2個

カリフラワー — 150g

サラダ油 — 大さじ1

カレー粉 — 大さじ1

レモン玉ねぎチャツネ (p.13) — 100g

トマトケチャップ — 40g

温かいご飯 — 2膳分

大根とセロリの
　はちみつレモンピクルス（下記） — 適量

レモン（くし形切り） — 1/4個分

大根とセロリのはちみつレモンピクルス

酢の代わりにレモン果汁で作ったさわやかなピクルス。浅漬けでも古漬けでも、お好みのタイミングで召し上がれ。かぶ、ラディッシュ、にんじんなど、好みの野菜でお試しください。

| 材料 | 作りやすい分量 |

大根 — 1/3本（300g）

セロリの茎 — 1本分（100g）

ピクルス液
┌ レモンの搾り汁 — 1/4カップ
│ 水 — 1カップ
│ はちみつ — 大さじ1と1/2
│ 塩 — 小さじ1と1/2
└ 粒黒こしょう — 小さじ1

レモンの皮（薄くむき取る） — 1/4個分

作り方

1 - 大根は皮をむいて1cm角に切る。セロリは筋を取り、大根と同じくらいの大きさに切る。

2 - 鍋にピクルス液の材料を入れて中火にかけ、ひと煮立ちさせて混ぜる。

3 - 清潔なびんに**1**とレモンの皮を入れ、熱々の**2**を注ぎ入れる。

4 - 粗熱がとれたらふたをして、常温に半日ほどおいて漬ける。
⇒冷蔵で2週間ほど保存できる。

レモンミートボールとミニトマトのオーブン焼き

| 材料 | 2〜3人分 |

ミニトマト — 16個
レモンの葉* — 適量
合いびき肉（よく冷やす） — 300g

A
- レモンの塩コンフィ
  （p.12・汁けを拭いてみじん切り）
  — 大さじ1
- パルミジャーノ・レッジャーノ（粉）
  — 大さじ2
- にんにく（みじん切り） — 1かけ分
- 粗びき黒こしょう — 少々
- パン粉 — 1/2カップ
- 卵 — 1個
- 牛乳 — 大さじ3

オリーブオイル — 適量

* なければローリエやローズマリーで代用する。

| 作り方 |

1 – ミニトマトはへたを取る。レモンの葉はきれいに洗って乾かす。

2 – ボウルにひき肉とAを入れ、粘りが出るまで手で練り混ぜる。10等分に分け、空気を抜きながらボール状に丸める。
⇒ひき肉はよく冷やしておき、冷たいうちに手早く練り上げる。温まると脂が溶けて食感が悪くなる。
⇒ここでオーブンを200℃に予熱する。

3 – オーブンに入る大きさの鉄製フライパン、または耐熱容器にオリーブオイルを塗り、2を並べ入れる。間にレモンの葉をはさみ、隙間にミニトマトを入れる。

4 – 予熱したオーブンに入れ、15分ほど焼いて中まで火を通す。
⇒焼き上がりの目安は、ミートボールに焼き色がつき、押してみてしっかりと弾力を感じるくらい。

ミニトマトはトマトに比べて味のバラつきが少なく、水っぽさや青臭さがないので加熱料理向き。加熱すると甘みがぐんと増します。

レモンの葉の香りがかすかにミートボールに移ります。焼けたミニトマトをつぶして、ソースのようにからめながら召し上がれ。

素材を時間差で重ねていって、コトコト煮込むだけ。レモン玉ねぎチャツネの甘酸っぱさとスパイス香がうまく味をまとめてくれます。まろやかでコクのある味わいです。

豚肉の玉ねぎレモン煮込み

材料 4人分

豚肩ロース肉（ブロック）— 400g

塩 — 小さじ1（6g）

玉ねぎ — 2個（400g）

にんじん — 1本

オリーブオイル — 小さじ1

レモン玉ねぎチャツネ（p.13）— 100g

白ワイン — 1/2カップ

粗びき黒こしょう — 少々

作り方

1 — 豚肉は8等分の角切りにしてポリ袋に入れ、塩を加えて袋の上から手でもみ込む。空気を抜いて袋を閉じ（**a**）、冷蔵庫にひと晩おく。

2 — **1**を焼く1時間くらい前に冷蔵庫から出し、常温に戻す。玉ねぎは縦半分に切り、縦に5mm厚さに切る。にんじんは皮つきのまま1.5cm厚さの輪切りにする。

3 — 厚手の鍋にオリーブオイルを入れて中火で熱し、豚肉を並べ入れる。香ばしく焼けたら裏返し（**b**）、もう片面もこんがりと焼く。

4 — レモン玉ねぎチャツネを加え（**c**）、玉ねぎと白ワインを加える。煮立ったらふたをして、ごく弱火で30分ほど煮る。

5 — にんじんを加えて底からひと混ぜし（**d**）、ふたをしてさらに30分ほど煮る。器に盛り、こしょうをふる。

もし残ったら、肉をほぐして煮汁ごとショートパスタにからめてみてください。わざわざ残したくなるほどのおいしさです。

レモンキャロットライス

ラムと野菜のレモンハリッサ炒め

ラムと野菜の
レモンハリッサ炒め

レモンハリッサでマリネしたラム肉を野菜と
炒めて、レモンキャロットライスといっしょ
に食べてみて！　きっと異国情緒あふれる味
のとりこになるはず。

材料　2人分

ラム肩ロース肉（ステーキや焼き肉用厚切り）
　　— 250g

下味
| レモンハリッサ（p.16）— 小さじ1
| 塩 — ふたつまみ
| 酒 — 小さじ2

玉ねぎ — 1/2個
ピーマン — 3個
オリーブオイル — 小さじ2
塩 — 適量
A | レモンハリッサ（p.16）— 小さじ2
　 | 酒 — 小さじ2
レモン（4等分に切る）— 適量

作り方

1 – ラム肉は小さめのひと口大に切り、ポリ
　　袋に入れて下味の材料を加え、袋の上か
　　ら手でもみ込む。空気を出して袋を閉じ、
　　常温に1時間ほどおく。

2 – 玉ねぎは横半分に切り、縦4等分に切る。
　　ピーマンはへたと種を取り除き、玉ねぎ
　　と同じくらいの大きさに切る。

3 – フライパンにオリーブオイルを入れて中
　　火で熱し、1を加えて炒める。火が通った
　　ら、いったん取り出す。

4 – 3のフライパンに2を入れ、塩ふたつま
　　みをふって炒める。火が通ったら3を戻
　　し入れ、Aを混ぜ合わせて加える。強火で
　　さっと炒め合わせ、塩少々で味をととの
　　える。器に盛ってレモンを添え、搾りか
　　けながら食べる。

レモンキャロットライス

ワクワクしながらふたを開けると、にんじんのきれいなオレン
ジ色とつやつやのオリーブ！　レモンの塩コンフィペーストで
レモン風味と塩味を同時にプラス。

材料　2〜3人分

米（といでざるに上げる）— 1.5合
水 — 290㎖*
レモンの塩コンフィペースト（p.12）
　　— 大さじ1
オリーブオイル — 小さじ2
にんじん（グレーダーですりおろす）
　　— 1/3本（60g）
グリーンオリーブの実（塩水漬け）— 16個

*鍋炊きの場合の分量。炊飯器で炊く場合は内釜の目盛りどおりに。

作り方

1 – 鍋に米と分量の水、レモンの塩コンフィペースト、オリー
　　ブオイルを入れてひと混ぜし、表面全体ににんじんを広げ、
　　オリーブの実を散らす。

2 – ふたをして強めの中火にかけ、沸騰したら弱火にして12分
　　ほど炊き、最後は強火にしてパチパチと音がしたら火を止
　　め10分ほど蒸らす。ふたを取り（a）、ざっくりと混ぜて器
　　によそう。

鮭のレモン焼き漬け

鮭もねぎも香ばしく焼いてから漬けるのがおいしさのポイント。ご飯にもお酒にも合い、お弁当のおかずにも。脂ののった鮭なら、漬け地の味を少し濃いめに。ぶりで作ってもおいしい。

材料	4人分

生鮭(切り身) ― 4切れ(400g)

下味
| 塩 ― 小さじ1/2 |
| 酒 ― 小さじ2 |

漬け地
| みりん ― 大さじ3 |
| 酒 ― 大さじ6 |
| レモンの搾り汁 ― 大さじ1と1/2 |
| しょうゆ ― 大さじ3 |

レモン(薄い輪切り) ― 6枚
長ねぎ(白い部分) ― 1本分

作り方

1 ― 生鮭は半分の長さに切り、下味の材料をふってなじませ、20分ほどおく。

2 ― 漬け地を作る。小鍋にみりんと酒を入れて沸かし、アルコール分を飛ばしてバットに移す。残りの材料を加えて混ぜる。

3 ― **1**の水分を拭き取り、魚焼きグリルなどで焼く。中まで火が通って香ばしい焼き目がついたら、熱いうちに皮目を下にして**2**に漬け、間にレモンをはさむ。

4 ― 長ねぎは4cm長さに切り、両面に斜めに細かく切り目を入れる。魚焼きグリルなどでこんがりと焼き、**3**の隙間に入れる。

5 ― ラップで落としぶたをして冷蔵庫に2〜3時間おく。途中で鮭とねぎを裏返してまんべんなく味をしみ込ませる。
⇒冷蔵で4〜5日保存できる。

いわしのレモンしょうゆ煮

レモンには魚の生臭さを消す効果があり、すっきりした味に煮上がります。また酸味のおかげでしょうゆの量が少なくても物足りなさを感じず、減塩効果もあり。

| 材料 | 作りやすい分量 |

いわし（頭と内臓を取る）— 小8尾
A ┌ 水 — 1と1/2カップ
　　│ 酒 — 1/2カップ
　　│ レモンの搾り汁 — 大さじ1
　　│ しょうゆ — 大さじ3強
　　│ みりん — 小さじ2
　　└ 砂糖 — 大さじ2
レモン（半月切り）— 薄い輪切り3枚分

| 作り方 |

1 － いわしは腹の中をきれいに洗い、ペーパータオルで水けを拭く。

2 － **1**が重ならない大きさのフライパンか鍋に**A**を入れてひと混ぜし、**1**を並べ入れる。オーブンシートで落としぶたをして弱めの中火にかける。

3 － ひと煮立ちしたら、常に煮汁が落としぶたに当たるくらいの火加減で10〜15分煮る。煮汁が好みの味加減に煮詰まったら、火からおろして粗熱がとれるまでおく。

4 － 器に盛ってレモンをのせる。

あじのスパイシーグリル

レモンハリッサを仕込んでおくと、エキゾチックな魚料理がささっと作れます。いつもの焼き魚に飽きたとき、スパイシーなものが食べたいときにどうぞ。

材料 2人分

あじ（えら、内臓、ぜいごを取る）— 2尾
塩 — 小さじ1/2
レモンハリッサ（p.16）— 小さじ2＋適量
薄力粉 — 適量
オリーブオイル — 大さじ2

レモンヨーグルトソース

| レモンの搾り汁 — 小さじ2
| プレーンヨーグルト — 大さじ4
| クミンパウダー — 小さじ1/4
| にんにく（すりおろす）— 少々
| オリーブオイル — 大さじ1
| 塩、こしょう — 各少々

つけ合わせ

| 紫玉ねぎ — 1/4個
| パプリカ（黄）— 1/4個
| きゅうり — 1/2本
| ミニトマト — 8個
レモン（4等分に切る）— 適量

作り方

1 — あじは中骨に沿って両面に包丁で切り目を入れる。バットに並べ、両面と腹の中に塩をすり込んで10分ほどおく。

2 — あじからしみ出した水分をペーパータオルで取り、両面と腹の中に1尾につきレモンハリッサ小さじ1を塗り（**a**）、薄力粉を薄くはたきつける。

3 — フライパンにオリーブオイルを入れて中火で熱し、**2**を盛りつけたときに表になる面から焼き始める。フライパンにたまったオイルをスプーンで回しかけながら、動かさずにじっくりと焼く。こんがり色づいたら、裏返して同様に焼き（**b**）、中心までふっくら火を通す。

4 — レモンヨーグルトソースを作る。ボウルに材料を入れて混ぜ合わせる。

5 — つけ合わせの野菜は種やへたなどを除き、1.5cm大の角切りにして**4**に加えて和える。

6 — 器に**3**と**5**を盛り合わせ、レモンとレモンハリッサ適量を添える。あじにレモンを搾りかけ、レモンハリッサをつけたり、つけ合わせの野菜と混ぜながら食べる。
⇒**5**の代わりにレモングリーンソースのタブレ（p.34）をつけ合わせにしてもおいしい（上写真）。

いわしのレモンタルタル

いわしを塩とレモン果汁で軽く締めます。玉ねぎやケイパーをのせてレモンマスタードを添えるだけでもいいけれど、タルタルに仕立てるとしゃれたオードブルになります。

材料　2人分

いわし（頭と内臓を取る）― 2尾
塩 ― 適量
レモンの搾り汁 ― 小さじ1
A ┌ 玉ねぎ（みじん切り）― 大さじ3
　　│ レモンマスタード（イエロー＊・p.17）
　　│ 　― 大さじ1
　　│ ケイパー（酢漬け・粗みじん切り）
　　│ 　― 小さじ1
　　└ オリーブオイル ― 小さじ1
ディル ― 適量
レモン（薄い輪切り）― 2枚
ガーリックトースト ― 適量
⇒バゲットを好みの厚さに切ってトーストし、にんにくをこすりつける。
＊ミックス（p.17）でもOK。

作り方

1 ― いわしは腹の中をきれいに洗い、ペーパータオルで水けを拭く。3枚におろして腹骨をすく。両面に軽く塩をふり、レモンの搾り汁をかけて全体になじませ、10分ほどおく。

2 ― **1**の汁けをペーパータオルで取り、頭側から尾側に向かって皮をひき、身を粗く刻む。

3 ― ボウルに**A**を入れて混ぜ合わせ、**2**を加えて和える。スプーンでラグビーボール形にすくって器に盛る。ディルとレモンを添え、オリーブオイル適量（分量外）を回しかけ、ガーリックトーストを添える。トーストにのせて食べる。

あさりのレモンこしょうワイン蒸し

あさりの酒蒸しをワインとレモンで洋風に。
レモンこしょうのさわやかな辛みと紫玉ねぎ
の甘みがアクセント。皿に残った蒸し汁にゆ
でトげたパスタをからめても美味。

材料	2人分

あさり（殻つき・砂抜き済み）― 400g
紫玉ねぎ ― 1/6個
にんにく ― 1/2かけ
オリーブオイル ― 大さじ1
レモンこしょう（p.16）― 小さじ1/2
白ワイン ― 1/4カップ

作り方

1 – あさりは殻をこすり合わせてよく洗う。紫玉ねぎは縦薄切り
にする。にんにくはつぶす。

2 – フライパンにオリーブオイルとにんにくを入れて弱火にか
け、香りが立ったら、あさり、レモンこしょう、白ワインを入
れ、紫玉ねぎをのせてふたをし、強めの中火にする。煮立った
ら火を少し弱めて蒸し煮にする。

3 – あさりの口が開いたらふたを取り、さっとひと混ぜして器に
盛る。

レモンの小皿料理をワインとともに

さわやかなレモンの料理でアペロの時間のワインがさ
らにおいしく。ついついグラスがすすみます。

レモンクリームパスタ

スパゲッティ ― 160g

バター ― 20g

生クリーム（乳脂肪分35%）― 120㎖

レモンの搾り汁 ― 小さじ2

パルミジャーノ・レッジャーノ（粉）
　― 大さじ4

塩 ― 適量

レモンの皮（すりおろす）― 少々

粗びき黒こしょう ― 少々

オリーブオイル ― 少々

レモン ― 1/2個

濃厚なクリームソースはおいしいけれど、途中で飽きてきて……。そんなときこそ、レモンの力でさっぱりと。味変でレモンこしょう（p.16）を混ぜても美味。

作り方

1 ― 湯3ℓに塩大さじ2を加えて沸かし、スパゲッティをゆで始める。袋の表示より1分ほど早くゆで上げる。
⇒スパゲッティのゆで汁は1カップほど取っておき、ソースが煮詰まったら適量を加えて調整する。

2 ― フライパンにバターと生クリームを入れて中火にかける。ゴムべらで軽く混ぜてなじませ、うっすらとろみがついてきたら、レモンの搾り汁、1のゆで汁1/2カップを加え、混ぜてなめらかにする。

3 ― ゆで上がった1の湯をきって2に加える。パルミジャーノ・レッジャーノの半量をふって手早く混ぜ、弱火で温めながらスパゲッティにソースをなじませる。パスタが好みのかたさになったら、塩少々で味をととのえ皿に盛る。

4 ― 残りのチーズ、レモンの皮、こしょうをふり、オリーブオイルを回しかける。レモンを添えて、搾りかけながら食べる。

レモンとアスパラガスのリゾット

材料 2人分

グリーンアスパラガス — 6本
玉ねぎ — 1/4個
ハム（薄切り）— 4枚
オリーブオイル — 大さじ1
塩 — ひとつまみ
米 — 3/4合
レモンの塩コンフィペースト（p.12）
　　— 小さじ1＋適量
水 — 3カップ
バター — 20g
パルミジャーノ・レッジャーノ（粉）
　　— 大さじ3
粗びき黒こしょう — 少々
レモン（くし形切り）— 1/4個分

バターとチーズ味のリゾットをレモンですっきりさわやかに。小さく切ったアスパラガスとハムからしみ出すうまみがだし代わり。スープストックなしで作れます。

作り方

1 — アスパラガスは根元のかたい部分を切り落とし、下側のかたい皮をピーラーでむく。長さを半分に切り、下半分は縦半分に切って5mm厚さの半月切り、上半分は長めの乱切りにする。

2 — 玉ねぎとハムはみじん切りにする。

3 — フライパンにオリーブオイルを入れて中火で熱し、玉ねぎを炒める。透明感が出てきたら、塩をふり、1の半月切りのアスパラガスと、米を洗わずに加えて炒める。

4 — 米に透明感が出てきたら、ハム、レモンの塩コンフィペースト小さじ1、分量の水を加えて弱めの中火にして煮る。ときどきゴムべらで混ぜながら米に火を通し、煮詰まって水分が減ったら、水を適宜足す。
⇒火が弱すぎると時間がかかって米がふやけ、おかゆのようになってしまうので注意。

5 — 米の芯がまだ残るくらい（アルデンテの一歩手前）のタイミングで1の乱切りのアスパラガスを加えてさっと火を通し、仕上げにバターとパルミジャーノ・レッジャーノを加えて混ぜ合わせ、レモンの塩コンフィペースト適量で味をととのえる。

6 — 器に盛ってこしょうをふり、レモンを添える。レモンを搾りかけながら食べる。

ベトナム風焼き鶏ご飯

材料 2人分

レモンご飯

レモングラス — 1株*¹

米（といでざるに上げる）— 1.5合

A ┌ 水 — 290mℓ*²
　　├ 塩 — 小さじ2/3
　　├ ナンプラー — 小さじ1
　　└ サラダ油 — 小さじ1

レモン（薄い輪切り）— 2枚

鶏のレモン焼き

鶏もも肉 — 1枚（250g）

B ┌ ナンプラー — 小さじ1
　　├ オイスターソース — 小さじ1
　　├ にんにく（すりおろす）— 1/2かけ
　　├ 砂糖 — 小さじ1/2
　　└ 粗びき黒こしょう — 少々

レモン（薄い輪切り）— 2枚

サラダ油 — 小さじ1

しょうが（細切り）— 1かけ分

レモン（くし形切り）— 1/2個分

*1 株がなければ10cm長さの葉15本ほどでもOK。
*2 土鍋で炊く場合の水加減。炊飯器で炊く場合は
　　内釜の目盛りどおりに。

作り方

1 — レモンご飯の準備をする。レモングラスは7〜8cm長さに切り、株元の太い部分は縦4つ割りにする。

2 — 米は土鍋に入れ、**A**を加えてひと混ぜし、レモンを加えて**1**を米に差し込み（**a**）、30分ほど浸水させる。

3 — 鶏のレモン焼きを作る。鶏肉は皮と身の間の余分な脂を切り取り、小さめのひと口大に切る。ポリ袋に入れて**B**を加えて袋の上から手でもみ込み、レモンを加えて空気を出して袋を閉じ、10分ほどおく。

4 — フライパンにサラダ油を入れて中火で熱し、**3**を炒めて全体に焼き色をつける。

5 — **2**にふたをして強めの中火にかけ、沸騰したら弱火にして12分ほど炊き、最後は強火にしてパチパチと音がしたら火を止める。炊き上がったご飯の上に**4**をのせ（**b**）、ふたをして10分ほど蒸らす。

⇒炊飯器の場合も炊き上がりに**4**をのせ、10分ほど蒸らし、**6**以降も同様にする。

6 — **5**のふたを取り、しょうがを散らし（**c**）、鍋底からざっくりと混ぜる（**d**）。器に盛ってレモンを添え、搾りかけながら食べる。

レモンの酸味とレモングラスの香りでご飯がさらりといくらでも食べられます。鶏肉はいっしょに炊き込むより、後でのせるほうがしっとり、ふっくらと仕上がります。

いかとセロリのレモン冷めん

冷やし中華のたれをレモンでさわやかに仕立てました。パクチーの代わりにセロリの葉を使ってもOK。暑さを忘れさせてくれるさっぱり冷めんです。

材料　2人分

レモンだれ

> レモンの搾り汁*、水 ― 各大さじ3
> しょうゆ ― 大さじ2
> 砂糖 ― 小さじ2
> 塩 ― 小さじ1/2
> ごま油 ― 大さじ1

中華めん（細めん）― 2玉
セロリ ― 1/3本
するめいか（下処理済み）― 中1杯

A

> しょうが（すりおろす）― 小さじ1/2
> 塩、砂糖 ― 各ひとつまみ
> ごま油 ― 小さじ1/2

パクチー（ざく切り）、白煎りごま ― 各適量
マヨネーズ、粒マスタード ― 各大さじ1
*果汁を搾った後のレモンは取っておく。

作り方

1 ― 大きめのボウルにレモンだれの材料を入れて混ぜ合わせる。

2 ― 中華めんは袋のゆで時間よりもやや長めにゆで、流水で洗ってぬめりを取る。水けをしっかりきり、別のボウルに入れて塩とごま油各少々（各分量外）で和えて冷蔵庫に入れて冷やす。

3 ― セロリは縦半分に切り、ごく薄い斜め切りにする。

4 ― いかは胴は開いて5mm間隔に斜めに切り目を入れ、切り目に対して直角に包丁を入れて1cm幅に切り、食べやすい長さに切る。エンペラも1cm幅に切る。足は1本ずつに切り離す。鍋に湯を沸かし、果汁を搾った後のレモンを入れ、いかをさっとゆでてざるに上げる。

5 ― 別のボウルに**A**を入れて混ぜ合わせ、**4**を加えて和え、冷蔵庫に入れて冷やす。

6 ― 冷蔵庫から出した**2**を**1**に加えて和える。器に盛り、残ったたれをかけ、上に**3**と**5**を盛ってパクチーをのせる。マヨネーズと粒マスタードを混ぜて添え、ごまを散らす。

豚しゃぶレモンにゅうめん

そうめんはすぐにゆで上がるから、忙しいときのお昼ごはんにぴったり。さぬきうどんのすだちのようにレモンの薄切りをのせて、豚バラ肉の脂をすっきりいただきます。

材料 2人分

豚バラ薄切り肉（しゃぶしゃぶ用）— 100g
青ねぎ（九条ねぎなど）— 1本
そうめん — 3束（150g）

めんつゆ
　昆布とかつお節のだし — 3と1/2カップ
　薄口しょうゆ — 大さじ2
　酒 — 大さじ2
　みりん — 大さじ1

レモン（薄い輪切り）— 10枚
粗びき黒こしょう — 適量

作り方

1 – 豚肉は食べやすい長さに切る。青ねぎは3mm幅の斜め切りにする。

2 – 鍋に湯をたっぷり沸かし、そうめんを袋のゆで時間どおりにゆでる。

3 – 別の鍋にめんつゆの材料を入れて中火にかけ、ひと煮立ちしたら豚肉を入れて火を通す。

4 – 温めた器に湯をきった2を盛り、レモン、3の豚肉、青ねぎをのせ、3のつゆをはり、こしょうをふる。

クリームチーズと
レモンチャツネの
タルティーヌ

レモン玉ねぎチャツネは料理に使うだけ
でなく、こんなふうにジャムのような使
い方もできます。ワインを合わせたくな
る甘じょっぱい組み合わせです。

材料　1人分

バゲット — 10cm分
クリームチーズ — 大さじ3
レモン玉ねぎチャツネ（p.13）— 大さじ2〜3

作り方

1‒ バゲットは厚みを半分に切り、軽くトーストする。

2‒ **1**の切り口にクリームチーズを塗り、レモン玉ね
　　ぎチャツネをのせる。

ハムエッグトーストの
レモングリーンソースがけ

とろりとした半熟卵の黄身にレモングリーンソースを
混ぜ、パンやハムにからめながら召し上がれ。朝、起
きるのが楽しみになるトーストです。

材料　1人分

イギリスパン（8枚切り）— 1枚
オリーブオイル — 小さじ1
卵 — 1個
ハム（薄切り）— 1枚
レモングリーンソース
　（p.34の作り方**1**〜**3**参照）
　— 大さじ1

作り方

1‒ イギリスパンはトーストする。

2‒ フライパンにオリーブオイルを
　　入れて中火で熱し、卵を割り落
　　とし、あいているところにハム
　　を入れる。卵が半熟になるまで
　　焼く。

3‒ 器に**1**をのせ、上に**2**を盛り、レ
　　モングリーンソースをかける。

レモンの
サンティー

材料 作りやすい分量

水 — 1ℓ
レモン（薄い輪切り）— 1/2個分
レモングラス* — 1株
ローズマリー — 1枝
ミント — ひとつかみ

＊株がなければ10㎝長さの葉15本ほどで
　もOK。

作り方

1 – レモングラスは5〜6㎝長さに
　　切り、株元は縦4つ割りにする。

2 – ガラスのティーポットやピッチ
　　ャーに材料をすべて入れ、日の
　　当たる暖かい場所に3〜5時間お
　　いて、じんわりと温めて味や香
　　りを抽出する。

陽だまりでじんわり抽出するのでハ
ーブティーほど濃くなく、レモン水
のようなキリキリとした冷たさもあ
りません。体が浄化されるような気
分が味わえる、やさしい飲みもの。
水を飲むのが苦手な人はぜひ試して
みて。

レモンの調味料

レモンがさわやかに香るたれやソース、調味料。
いつもの料理に使える、便利なものばかり。

02

レモンポン酢しょうゆ

しょうゆベースの和風合わせ調味料。レモンの香りと酸味が素材の味を引き立てます。

材料　作りやすい分量

A ┌ しょうゆ — 大さじ5
　├ みりん　1/4カップ
　├ 昆布 — 5g
　└ かつお削り節 — 10g
レモンの搾り汁 — 大さじ4

作り方

1 － 小鍋でAのみりんを沸かしてアルコール分を飛ばし、火からおろして残りのAを加えてなじませる。冷めたら、冷蔵庫で2日ほどねかせる。

2 － ペーパータオルを敷いたざるにボウルを当て、1を入れて漉す。

3 － 2にレモンの搾り汁を加えて混ぜ、清潔なびんに入れる。
　　⇒冷蔵で1か月ほど日もちする。

使い方

鍋もの、和えもの、おひたし、焼き漬け、揚げ漬けなど、和のおかず全般に使える。

レモンとねぎの焼き肉塩だれ

甘めの焼き肉だれに飽きたら、これ！レモンの酸味にねぎとごま油の香味を重ねたすっきりとした塩だれ。

材料　作りやすい分量

A ┌ 長ねぎ（みじん切り） — 100g
　├ レモンの搾り汁 — 大さじ2
　├ ごま油 — 大さじ3
　├ 塩 — 小さじ1と1/2
　└ 粗びき黒こしょう — 小さじ1/2
みりん — 大さじ2

作り方

1 － ボウルにAを入れて混ぜ合わせる。

2 － 耐熱の器にみりんを入れ、600Wの電子レンジに1分30秒かけてアルコール分を飛ばし、1に加えて混ぜ合わせる。

3 － 冷蔵庫に入れて3時間ほどねかせ、清潔なびんに入れる。
　　⇒冷蔵で保存し、2週間以内に使いきる。

使い方

牛、豚、鶏、ラム肉など、どんな肉にも合う。焼き肉にかぎらず、蒸したりゆでたりした肉や魚、焼き野菜にも合う。炙った油揚げ、豆腐にかけてもよい。

レモンビネガー

レモンの香りがつくだけで、酸っぱいビネガーが毎日使いたくなるお気に入りの調味料に。

材料　作りやすい分量

白ワインビネガー — 1カップ
レモンの皮（薄くむき取る）　1個分

作り方

清潔なびんに白ワインビネガーを入れ、レモンの皮をビネガーから出ないように完全に浸す。日の当たらない涼しい場所に皮の色が抜けるまでおき、皮を取り除く。
⇒常温で3か月ほど日もちする。

使い方

好みのオイルと混ぜて塩、こしょうで味をととのえてドレッシングに。野菜や魚のマリネに。揚げものにひとふりしてさっぱりと。

レモンマヨネーズ

酢をレモン果汁に代えると、さわやかなマヨネーズに変身。いつもの味に飽きたら試してみて！

材料　作りやすい分量

A ┌ 卵*（常温に戻す） — 1個（50g）
　├ 塩 — 小さじ1
　└ 砂糖 — 小さじ1
サラダ油 — 200mℓ
レモンの搾り汁 — 大さじ1
レモンの皮（すりおろす） — 1/2個分
こしょう（あれば白） — 少々
＊マヨネーズは非加熱の調味料なので、新鮮な卵を使う。

作り方

1 － 清潔で乾いたボウルにAの卵を割り入れ、残りのAを加えて泡立て器でよくすり混ぜ、塩と砂糖を完全に溶かす。

2 － サラダ油を小さじ1ずつ加え、そのつど泡立て器でかき混ぜる。全体が白っぽくなって乳化してきたら、サラダ油をツーッと細くたらして加えながらかき混ぜ続ける。ぽってりとした状態になったら混ぜ上がり。

3 － レモンの搾り汁と皮、こしょうを加えて泡立て器でしっかり混ぜ、清潔なびんに入れる。
　　⇒冷蔵で保存し、2週間以内に使いきる。

使い方

生・ゆで・蒸し野菜につける。卵サラダやポテトサラダの調味料に。お好み焼き、肉・魚料理などにつける。

part3

レモンはその酸味で砂糖の甘みをすっきりとさせ、
さわやかな香りでバターやクリーム、卵のくどさをおさえて、
甘いお菓子をさらにおいしくする魔法の素材です。
スコーンにマドレーヌ、カステラ、プリン、ドーナッツまで、
レモンスイーツのヒットパレードをお楽しみください。

レモンの
お菓子

レモンショートブレッド

低温のオーブンでじっくり焼くことで、レモンの香りとバターの風味がしっかり残り、ざくざく、ほろほろの食感に仕上がります。

材料 12本分

バター（食塩不使用） — 100g
上白糖 — 60g
塩 — 小さじ1/2
牛乳 — 大さじ1
薄力粉 — 190g
レモンの皮（すりおろす） — 1/2個分

準備

■ バターと牛乳は常温に戻す。
■ オーブンは150℃に予熱する。

作り方

1 – ボウルにバターを入れ、ゴムべらで練ってなめらかにする。上白糖と塩、牛乳を加えてゴムべらでむらなくすり混ぜる。

2 – 薄力粉をふるい入れ、レモンの皮を加える。ゴムべらでザクザクと切るように混ぜて、粉けがなくなってまとまりが出てきたら、手で4〜5回こねてひとまとめにする。

3 – ジッパーつき保存袋に入れて袋の口は開けたまま、空気を押し出すようにめん棒で伸ばしてカードで寄せ、20×9×厚さ1.5cmの長方形に整える（a）。冷蔵庫に入れて1時間ほど休ませる。

4 – 3を冷蔵庫から出して袋を切り開き、生地をオーブンシートの上に出す。長辺に深さ2〜3mmの浅い切り目を12等分になるように入れ、竹串の尖っていないほうで等間隔に穴を5個ずつあける（b）。
⇒穴の深さは生地の厚みの半分ほど。

5 – オーブンシートごと天板にのせ、予熱したオーブンで30分焼く。シートごといったん取り出して10分ほど冷まし、切り目に包丁を入れて切り離す。間隔をあけて並べ、オーブンの温度を130℃に下げてさらに20分ほど焼く。うっすらと焼き色がついたら取り出し、シートをはずしてケーキクーラーにのせて冷ます。
⇒最初から切り離さずに焼くのは、生地がだれて広がるのを防ぐため。

カリッときつね色に焼き上げるも
よし、しっとりと白っぽいクラシ
ックな焼き上がりもよし。焼きぐ
あいはお好みに。軽く温め直して
食べると香りが立ちます。

レモンロックスコーン

材料　8個分

レモンの甘コンフィ（p.13）— 60g
カルダモン（ホール）— 3個
A［薄力粉 — 200g
　　ベーキングパウダー — 小さじ1と1/2
　　グラニュー糖 — 50g
　　塩 — 小さじ1/4
バター（食塩不使用）— 60g
プレーンヨーグルト — 80g

準備

- レモンの甘コンフィは、ペーパータオルでシロップを拭く。
- バターは1cm角に切り、冷蔵庫でよく冷やす。
- 天板にオーブンシートを敷く。
- オーブンは210℃に予熱する。

作り方

1 − レモンの甘コンフィは粗みじん切りにする。カルダモンはさ
やを破って取り出した種をすり鉢で粉状にすりつぶす（さや
は使わない）。

2 − ボウルに**A**を合わせてふるい入れ、バターを加えて指先で粉
とバターをすり合わせるようにしてポロポロにする。
⇒フードプロセッサーで撹拌してもよい。

3 − **2**の中央にヨーグルトと**1**を加え、カードでザクザクと切り
混ぜる。粉けがなくなってまとまりが出てきたら、手で軽く
押さえてひとまとめにする。

4 − 生地を8等分（1個約55g）にして、手のひらで転がして腰高に
丸め（**a**）、天板に間隔をあけてのせる。
⇒焼くと横方向に膨らむので、腰高にしておくとバランスのよい形に焼
き上がる。

5 − 予熱したオーブンを200℃に設定し直し、**4**を入れて15分ほ
ど焼く。好みの焼き色がついたらオーブンから取り出し、オ
ーブンシートをはずしてケーキクーラーにのせ、粗熱をとる。

a

レモンコンフィのマドレーヌ

| 材料 | 直径9cmのマドレーヌ用紙型 7個分

バター（食塩不使用）― 100g

A ┌ 薄力粉 ― 100g
   │ ベーキングパウダー ― 小さじ1/2
   └ 塩 ― ふたつまみ

卵 ― 2個

グラニュー糖 ― 100g

レモンの甘コンフィのシロップ（p.13）
　　― 大さじ1

レモンの皮（すりおろす）― 1/2個分

レモンの甘コンフィ（p.13）― 7枚

| 準備 |

- レモンの甘コンフィは、ペーパータオルの
  上に並べてシロップをきる。
- 卵は常温に戻す。
- オーブンは160℃に予熱する。

| 作り方 |

1 ― 小鍋にバターを入れて弱火にかけて溶かし、冷ます。

2 ― ボウルに**A**を合わせてふるい入れる。

3 ― 別のボウルに卵を割り入れ、泡立て器で溶きほぐす。グラニュー糖を加えてとろりとするまですり混ぜる。

4 ― **3**に**2**を加え、泡立て器で円を描くようにすり混ぜる。粉がほとんど見えなくなって、ねっとりしたら止める。

5 ― **1**、レモンの甘コンフィのシロップ、レモンの皮を加え、泡立て器でむらなく混ぜ合わせて常温に1時間ほどおく。

6 ― 型の8分目まで流し入れて天板に並べ、予熱したオーブンで6〜7分焼いて表面に膜が張ったような状態になったら、いったん取り出してレモンの甘コンフィをのせる。
⇒レモンの甘コンフィを最初からのせて焼くと、生地の中に沈んでしまうので、表面がうっすら焼けて膜が張ってからのせる。

7 ― 再びオーブンに戻して5分ほど焼く。中まで火が通って表面の生地が香ばしく色づいたら焼き上がり。オーブンから取り出し、型をつけたままケーキクーラーにのせて冷ます。

生地はやさしいレモン味。上にの
せたレモンの甘コンフィのほろ苦
さがアクセント。紅茶によく合う、
気のおけないおやつです。

レモンカステラ

材料　20×10×高さ7cmの型1台分

レモンジンジャーハニー（p.21）—6枚
卵 — 4個（200g）
グラニュー糖 — 120g
レモンジンジャーハニーのシロップ（p.21）
　　— 大さじ3
強力粉 — 100g

準備

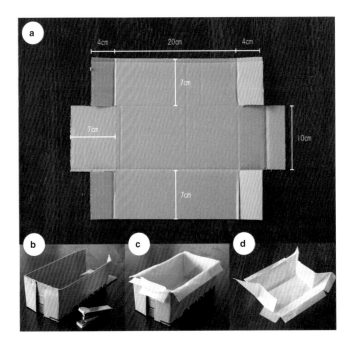

- 型を作る。薄めの段ボールを（**a**）のサイズ
  で切り出し、切り込みを入れて組み立て、
  短いほうの両側面が内側になるように、外
  側で段ボールを重ねてホッチキスで留める
  （**b**）。
  ⇒厚い段ボールは熱が伝わりにくく、火の通りが悪
  くなるので、薄めの段ボールを使う。

- オーブンシートを型の高さより2cmほど高
  くなるように敷き込み、上にはみ出したシー
  トの四隅に切り込みを入れ、型の外側に
  折り返す（**c・d**）。

- レモンジンジャーハニーはペーパータオル
  の上に並べてシロップをきる。

- 卵は常温に戻す。

- 強力粉は2回ふるう。

- オーブンは180℃に予熱する。

ほのかなしょうがの香りとレモンの酸味が生地の
中で溶け合います。市販のカステラより軽やかで、
甘さ控えめ。焼いた2日後くらいが食べ頃です。

作り方

1 — レモンジンジャーハニーは、2枚は半分に切り、準備した型の底に重ならないように敷き詰める（**e**）。

2 — ボウルに卵を割り入れてグラニュー糖を加え、ハンドミキサーの低速で泡立てる。卵がほぐれて砂糖が混ざったら、ボウルを湯せんにかけて人肌程度に温めながらさらに高速で泡立てる。全体に白っぽくなってもったりとし、すくい上げて落とした跡がすぐに消えずに残るようになるまで泡立てる（**f**）。

3 — 湯せんから外してレモンジンジャーハニーのシロップを加え（**g**）、再度高速で1分ほど泡立てる。

4 — ふるった強力粉を3回に分けてふるい入れる（**h**）。加えるたびに、粉が見えなくなるまでハンドミキサーの低速で30秒ほど混ぜる。

5 — ボウルの側面についた生地をゴムべらでぬぐい落とし、底から全体をさっと混ぜて粗い泡をつぶして均一な状態にする（**i**）。生地をすくい上げて落とした跡が、ゆっくりとなじんで消えていくくらいが混ぜ上がりの目安。

6 — 1の型の中心に5を一気に流し入れる（**j**）。テーブルナイフなどで生地に縦に5筋、横に6筋切り目を入れ（**k**）、表面に浮き出てきた大きな泡をゴムべらでなでてつぶす。

⇒生地に切り目を入れて出てきた泡をつぶす「泡切り」をすることで、しっとりときめの細かい生地になる。

7 — 型を天板にのせ、予熱したオーブンに入れて1分焼き、取り出して**6**と同様に泡切りをする。オーブンに戻して再び1分焼き、また泡切りをする。

8 — オーブンに戻して10分焼き、温度を150℃に設定し直してさらに50分ほど焼く。

⇒上面が焦げそうになったら、オーブンシートとアルミ箔を重ねてかぶせる。

9 — 上面全体に濃いきつね色の焼き色がついたらオーブンから取り出し、型ごと持ち上げて10cmほどの高さから台に3回落として生地内の湿った空気を出す。

⇒湿った空気を出すことで、しぼみや側面の腰折れを防ぐ。

10— カステラをすっぽりと包める大きさのラップを台に敷き、型の底を上にしてのせ、型を外す。レモンの面のオーブンシートは貼りつけたまま、側面のシートだけをそっとはがして切り取る。そのままおいて粗熱をとる（**l**）。

11— ラップで全体をぴっちりと包み（**m**）、レモンの面を上にして日の当たらない涼しい場所で2日ほどねかせる。

12— ラップをはずしてオーブンシートをそっとはがし、好みの大きさに切り分ける。

⇒よく切れる包丁をさっと水でぬらし、1回切るごとに布巾で刃をぬぐって水でさっとぬらしながら切る。

クリームの中にはレモンのコンフィ、ドライフルーツ、ナッツがたっぷり。かむたびにいろいろな味が顔を出します。

パチリコのアイスビスケットサンド

材料　6〜8個分

レモンの甘コンフィ（p.13）*¹ — 2枚
ピスタチオ（素焼き・無塩）— 8個
アーモンド（素焼き・無塩）— 8個
生クリーム（乳脂肪分45%）
　　— 1/2カップ
グラニュー糖 — 大さじ1
パチリコ（p.23）— 100g
ドライクランベリー — 大さじ2
好みのビスケットやクッキー *²
　　— 12〜16枚

＊1　市販のレモンピール適量で代用可。
＊2　写真の丸いビスケットは森永製菓の「マ
　　リー」、四角いほうはフランスのバター
　　クッキー。

作り方

1 — レモンの甘コンフィはペーパータオルの上に並べてシロップをきり、粗めに刻む。ピスタチオは殻をむき、アーモンドとともに粗めに刻む。

2 — ボウルに生クリームとグラニュー糖を入れ、ボウルの底を氷水に当てて冷やしながら泡立て器で8分立てにする。
⇒すくったときにツノがゆるく立つくらいが目安。

3 — パチリコとドライクランベリー、1を加え、ゴムべらで切るように混ぜ合わせる。

4 — ビスケットの裏側の真ん中に3をこんもりとのせ、もう1枚のビスケットではさみ、クリームがはみ出さない程度に軽く押さえる。
⇒真ん中にクリームをのせると押さえたときに均等に広がってはみ出さない。絞り袋で絞り出してもよい。

5 — バットに並べてラップをかけ、冷凍庫に入れて冷やし固める。食べるときは、クリームが食べやすいかたさになるまで常温におく。
⇒冷凍で2週間ほど保存できる。

パチリコ□□小エ□入りの生地は、しっとり＆セナッ。1枚目は焼きむらができやすいけれど、2枚目からはきれいに色づきます。

パチリコパンケーキ

材料 直径約10cm 8枚分

パチリコ（p.23） ― 50g＋適量
パチリコのホエー（p.23） ― 1/2カップ
卵 ― 1個
A 薄力粉 ― 100g
　　ベーキングパウダー ― 小さじ1
　　砂糖 ― 大さじ1
　　塩 ― ひとつまみ
バター ― 15g
サラダ油 ― 適量
はちみつ ― 適量

準備

- **A**は合わせてふるう。
- バターは湯せんで溶かす。

作り方

1 ― ボウルにパチリコ50gとホエーを入れ、泡立て器でむらなく混ぜる。

2 ― 卵を割り入れ、泡立て器ですり混ぜてなめらかにする。

3 ― ふるった**A**を加えてゴムべらで切るようにして混ぜる。粉が見えなくなってなめらかになったら、溶かしバターを加えてむらなく混ぜる。

4 ― フライパンにサラダ油をひいてペーパータオルでごく薄く伸ばし、弱火にかける。十分に温まったら、**3**をおたまですくって流し入れ、直径約10cmほどに広げる。生地の縁にプツプツと気泡が浮き出てきて、裏面がきつね色に色づいたら裏返す。

5 ― もう片方の面もきつね色に焼き、皿に取り出して布巾などをかけて保温する。

6 ― 残りの生地も同様に焼き、2〜3枚ずつ重ねて皿に盛り、上にパチリコ適量をのせ、はちみつをかける。

茶色く焦がした甘苦いカラメルに、レモンマーマレードでほろ苦さと甘酸っぱさをプラス。途中でレモンを搾って味変してみては？　酸いも甘いもかみ分けた大人向きのプリンです。

レモンカラメルプリン

材料 容量140mlのプリン型6個分

レモンカラメル
- グラニュー糖 — 大さじ5
- 水 — 大さじ3
- レモンマーマレード(p.20) — 大さじ2

卵 — 3個(160g)
グラニュー糖 — 80g
生クリーム(乳脂肪分45%) — 1カップ
牛乳 — 1カップ
レモン(くし形切り・好みで) — 適量

準備
- オーブンは150℃に予熱する。

作り方

1- レモンカラメルを作る。小鍋にグラニュー糖と
分量の水から大さじ1を入れ、中火にかけて鍋
をゆすりながら砂糖を煮溶かす。薄く煙が立ち
始めたら、火を止めて残りの水を加え(熱い液
が飛び散るので注意)、ゴムべらで混ぜる。レモ
ンマーマレードを加えて混ぜ(**a**)、型に均等に
流し入れ、カラメルが少しかたくなるまで冷蔵
庫に入れて冷やす。

2- ボウルに卵を割り入れてグラニュー糖を加え、
泡立て器で空気を含ませないようすり混ぜる。

3- 小鍋に生クリームと牛乳を入れて中火にかけ、
鍋の縁に小さな泡がつくくらいまで温める。

4- 2を泡立て器で混ぜながら3を注ぎ入れ、泡立
てないようにむらなく混ぜ合わせ、目の細かい
ざるで漉す。

5- 冷蔵庫から出した1の型に4をそっと流し入れ
(**b**)、型の口をアルミ箔で覆う。深めのバット
に間隔をあけて並べ、型の高さの半分くらいま
で熱湯を注ぐ。

6- 予熱したオーブンで30～40分蒸し焼きにする。
中心に串を刺して抜いたときに、プリン液が出
てこなければ蒸し上がり。オーブンから出して
バットをはずし、粗熱をとる。冷蔵庫に入れて2
時間ほど冷やす。

7- 型の側面とプリンの間にペティナイフを入れ、
型に沿ってぐるりと回してはがし、皿をのせて
上下を返し、下向きに振ってプリンを皿に取り
出す。好みでレモンを添え、搾りかけて食べる。

レモンクリームパン

[材料]　3個分

レモンココナッツカード (p.21) — 80g
生クリーム (乳脂肪分45%) — 1/2カップ
グラニュー糖 — 大さじ1
ふんわりやわらかい丸パン* — 3個

＊ ロールパンなどでもよい。

[準備]

■ レモンココナッツカードは常温に戻す。

[作り方]

1 – レモンココナッツカードはゴムべらでよく混ぜてなめらかにする。

2 – ボウルに生クリームとグラニュー糖を入れ、ボウルの底を氷水に当てて冷やしながら泡立て器で8分立てにする。
⇒すくったときにツノがゆるく立つくらいが目安。

3 – 1を加え、ゴムべらで切るように混ぜ合わせる。

4 – 丸パンは横半分に切り、下の断面に3をたっぷりのせて上のパンではさみ、ゴムべらでクリームの側面をぐるりとなでて整える。

5 – バットに並べてラップをかけ、冷蔵庫で1時間ほど冷やす。

生クリームにレモンココナッツカードを混ぜて、やわらかくて口どけのよいパンにたっぷりはさみます。バナナやいちごなどのフルーツをいっしょにはさんでもおいしいですよ。

リモンチェッロのババ

材料	2人分

A [リモンチェッロ (p.22) ― 大さじ1
　　グラニュー糖 ― 大さじ1
　　水 ― 大さじ2

バゲット ― 4cm分
バニラアイスクリーム ― 適量
レモンの皮 (すりおろす) ― 適量

準備

- 盛りつける器を冷蔵庫で冷やす。

作り方

1 － 小鍋に**A**を入れて中火でグラニュー糖を煮溶かし、粗熱をとる。

2 － バゲットは小さめのひと口大に切り、ポリ袋に入れ**1**を加えてシロップをしみ込ませる。袋の口を閉じて冷蔵庫に入れ、1時間ほど冷やす。

3 － 冷やした器に**2**とバニラアイスクリームを盛り合わせ、レモンの皮をふりかける。

ババにはラム酒を使うのが定番ですが、さわやかなリモンチェッロで作ってみました。バゲットのほか、ブリオッシュやカステラなど、お好みのパンや焼き菓子でお試しください。

レモンの葉は油の中で生地に包まれた状態で蒸され、生地内に香りが充満。口の中でふわりと広がります。

レモンドーナッツ

レモンの葉を使ったスペインの揚げ菓子「パパラホテス」をまねて、レモンドーナッツを作ってみました。パクッと口に入れて、レモンの葉についた生地を歯でしごいて食べます。葉がなければ、生地だけで揚げて。

| 材料 | 作りやすい分量 |

卵 — 1個

A ⎡ グラニュー糖 — 30g
　　 牛乳 — 大さじ1
　　 オリーブオイル — 大さじ1
　　 レモンの搾り汁 — 小さじ1
　　⎣ レモンの皮(すりおろす) — 1個分

薄力粉 — 70g

ベーキングパウダー — 小さじ1/2

塩 — ひとつまみ

揚げ油 — 適量

レモンの葉(洗って水けを拭く) — 適量

粉糖 — 適量

準備

- 卵は常温に戻す。
- 薄力粉とベーキングパウダー、塩は合わせてふるう。

作り方

1 – ボウルに卵を割り入れて泡立て器で溶きほぐし、**A**を加えてむらなく混ぜ合わせる。

2 – ふるった粉類を3回に分けて加える。加えるたびにゴムべらで切るように混ぜ、粉が見えなくなったら次の分を加える。

3 – 揚げ油を160℃に熱し、レモンの葉の両面に**2**の生地をつけ(**a**)、油に入れる(**b**)。表面がかたくなるまで触らず、固まったら裏返して両面ともこんがりと揚げ(**c**)、引き上げて油をきる。

　　⇒レモンの葉がない場合は、スプーンで**2**の生地をすくってゴムべらで押し出し(**d**)油に落とす。**3**と同じ要領で、表面が固まるまで触らずに両面ともこんがりと揚げ(**e**)、油をきる。大きく作ると生地がふくらんで火が通りにくくなるので小ぶりに作る。揚げ色が濃くなりすぎるようなら、途中で油の温度をやや下げる。

4 – 粗熱がとれたら、茶こしで粉糖をふる(**f**)。

レモンジャスミン白玉

モチモチつるんとした白玉とシャキシャキしたれんこんは意外にも名コンビ。ジャスミンティー風味のレモンシロップでさわやかにいただきましょう。

材料　2人分

ジャスミンティー—1カップ
レモンシロップ (p.22) —大さじ2
白玉粉—50g
砂糖—大さじ1
塩—ふたつまみ
水—大さじ2〜3
れんこん (皮をむきごく薄い輪切り) —6枚

準備

- 盛りつける器を冷蔵庫で冷やす。

作り方

1 – ボウルなどにジャスミンティーとレモンシロップを混ぜ合わせ、冷蔵庫に入れて2時間ほど冷やす。

2 – 別のボウルに白玉粉、砂糖、塩を入れ、かたさを確かめながら分量の水をごく少量ずつ加え、指先で混ぜ合わせてこねる。丸められるくらいのかたさになったら水を加えるのを止め、生地を10等分にして丸める。
⇒水の量はその日の温度・湿度、粉の乾燥具合で変わる。

3 – 鍋に湯を沸かし、2を入れて中火でゆでる。浮き上がってきてから30秒ほど待ち、すくい上げて氷水にとって冷やす。

4 – 3の湯にれんこんを入れて透き通るまでゆで、ざるに上げて氷水にとって冷やす。

5 – 冷やした器に水けをきった3と4を盛り、1を注ぐ。

大人の塩レモンジェラート

隠し味の塩が、リモンチェッロのさわやかさを引き立てます。生クリームをホイップしてから凍らせるので、ガリガリに固まらず、クリーミーな口溶けに。

材料　作りやすい分量

生クリーム（乳脂肪分45%）— 1カップ
グラニュー糖 — 大さじ2
牛乳 — 1カップ
リモンチェッロ*（p.22）— 120mℓ
塩 — 小さじ1/4
レモンの皮（すりおろす）— 1/2個分

＊お酒が飲めない人はレモンシロップ（p.22）に代えるとよい。

準備

■盛りつける器を冷蔵庫で冷やす。

作り方

1 − ボウルに生クリームとグラニュー糖を入れ、ボウルの底を氷水に当てて冷やしながら泡立て器で8分立てにする。
　⇒すくったときにツノがゆるく立つくらいが目安。

2 − 牛乳、リモンチェッロ、塩、レモンの皮を加えて泡立て器でよく混ぜ合わせる。

3 − ラップをかけて冷凍庫に入れ、1時間おきに泡立て器でかき混ぜる。これを3回繰り返し、冷凍対応の保存容器に移して冷凍庫で冷やし固める。
　⇒冷凍で2週間ほど保存できる。

4 − 冷やした器に3をスプーンですくって盛る。

こてらみや

フードコーディネーター、料理家。
京都生まれ。
保存食、スパイスや香味野菜などの香りを生かした料理に定評がある。
レシピ制作からスタイリングまで、
食の総合コーディネーターとして活躍するかたわら、
レモンなどの果実やハーブ、
季節の花々が育つベランダガーデンの手入れにも日々精を出す。
著者に『魔法のびん詰め』(三笠書房)、
『まいにち生姜レシピ』(池田書店)、
『料理がたのしくなる料理』(アノニマ・スタジオ)などがある。
Instagram @osarumonkey

アートディレクション・デザイン
小橋太郎(Yep)

撮影
キッチンミノル

スタイリング
久保田朋子

料理アシスタント
鈴木祥子

校正・DTP
かんがり舎

プリンティングディレクション
栗原哲朗(図書印刷)

編集
美濃越かおる
若名佳世(山と溪谷社)

レモンの料理とお菓子

2023年4月5日　初版第1刷発行

著　者　こてらみや

発行人　川崎深雪
発行所　株式会社　山と溪谷社
　　　　〒101-0051 東京都千代田区神田神保町1丁目105番地
　　　　https://www.yamakei.co.jp/

● 乱丁・落丁、及び内容に関するお問合せ先
　山と溪谷社自動応答サービス　TEL.03-6744-1900
　受付時間／11:00-16:00(土日、祝日を除く)
　メールもご利用ください。
　【乱丁・落丁】service@yamakei.co.jp
　【内容】info@yamakei.co.jp
● 書店・取次様からのご注文先
　山と溪谷社受注センター　TEL. 048-458-3455、FAX. 048-421-0513
● 書店・取次様からのご注文以外のお問合せ先
　eigyo@yamakei.co.jp

印刷・製本　図書印刷株式会社